AF201073

Johann Ferdinand Roth

Fragmente zur Geschichte der Bader, Barbierer, Hebammen,

Erbarn Frauen und Geschwornen Weiber

Johann Ferdinand Roth

Fragmente zur Geschichte der Bader, Barbierer, Hebammen, Erbarn Frauen und Geschwornen Weiber

ISBN/EAN: 9783743472174

Hergestellt in Europa, USA, Kanada, Australien, Japan

Cover: Foto ©ninafisch / pixelio.de

Weitere Bücher finden Sie auf **www.hansebooks.com**

Fragmente
zur
Geschichte
der Bader, Barbierer, Hebammen, Erbarn
Frauen und Geschwornen Weiber
in der
freyen Reichsstadt Nürnberg.

Bey
der Feyer
des
zweyhundertjährigen Jubiläums
des
Nürnbergischen
Medizinischen Collegiums
bekannt gemacht

von
Johann Ferdinand Roth,
Diakonus bey St. Jakob.

---

den 30sten May 1792.

Nürnberg,
bey Georg Friedrich Six.

Sr. Wohlgebohrn

Herrn

D. Philipp Ludwig Wittwer,

der

freyen Reichsstadt Nürnberg

hochverordnetem Physico Ordinario, der kaiserlichen Akademie der
Naturforscher, und des Pegnesischen Blumen-Ordens
Mitgliede,

dem

Freunde

meiner Jugend und meines männlichen Alters.

Innigstgeliebter Freund!

So rede ich Sie vor dem Publikum an, da uns beide seit den frühesten Jahren der Jugend das sanfteste Band der wärmsten Freundschaft so stark und so dauerhaft verknüpfte, und da dasselbe in den neuern Zeiten durch mehrere Verhältniße — wo möglich — noch verstärket wurde. Oft erinnere ich mich mit Vergnügen an die sorgenfreyen Stunden meiner Jugend, die ich im lehrreichen Umgange mit Ihnen verlebte, da wir in dem Hauße Ihres — ach! für die Menschheit zu früh verewigten Vaters, in dem Zimmer, worinn Er den Hebammen theoretischen Unterricht für ihre Kunst ertheilte, nach deren Entfernung die klassischen Schriften der Griechen und Römer gemeinschaftlich lasen und deren Schönheiten bewunderten. Wie oft war ich Zeuge Ihres Enthusiasm für das Studium der Medicin, dem Sie Sich von früher Jugend an gewidmet, und für das Sie Sich so rühmlich und so nachahmungswürdig vorbereitet haben! Oft sprachen wir von dem Zustande des Nürnbergischen Medizinalwesens, indem Sie mich mit den Aeusserungen, Urtheilen, Wünschen und Vorschlägen Ihres verdienstvollen Vaters bekannt machten.

Die Feyer des zweyhundertjährigen Jubiläums, welches das hochansehnliche Collegium, dessen Zierde Sie sind, heute mit Ihnen froh begehet, ist für mich eine lebhafte Aufforderung, Ihnen meine Hochachtung, meine Freundschaft, meine Bruderliebe öffentlich zu bezeugen.

Sie

Sie wissen es, mein Freund, daß ich seit geraumer Zeit zur Aufklärung der Geschichte des hiesigen Medizinalwesens sammle. Ich benütze diese Gelegenheit, Ihnen — und zugleich dem Publikum den Plan meiner Sammlung zur Beurtheilung, Berichtigung, Bereicherung und Verbesserung vorzulegen.

Plan einer Sammlung zur Geschichte des Nürnbergischen Medizinalwesens.

I. Personen
  A. Aerzte.
    1. Aerzte vor Errichtung des Collegii Medici
    2. Errichtung des Collegii Medici
    3. Merkwürdigste Vorfälle
    4. Merkwürdigste Mitglieder des Collegii Medici.
    5. Streitigkeiten desselben
      a. wegen des Ranges
      b. mit der medizinischen Fakultät zu Altdorf.
      c. mit den Pfuschern.
  B. Personen, welche dem Collegio Medico untergeordnet sind, oder — seyn sollten.
    1. Apotheker
      a. Geschichte der Apotheken.
      b. Dispensatorium
      c. Taxordnung
      d. Streitigkeiten
        α. mit Pfuschern.
        β. wegen des Ranges.
        γ. wegen böser Schuldner.
    2. Wundärzte
      a. Bader
      b. Barbierer
        α. Geschichte der Bader und Barbierer
        β. Streitigkeiten

α. wegen

Diese Bogen, deren Spize Ihr Name ziert, enthalten eini=
ge Proben aus dieser Sammlung; mehrere derselben verdanke ich
der gütigen Mittheilung Ihres Schwagers, unsers gemeinschaftli=
chen Freundes, des verdienstvollen Herrn D. und Prof. Siebenkees
zu Altdorf, dem ich hiemit zugleich meinen verbindlichsten Dank
öffentlich bezeuge.

Schlüßlich wünsche ich herzlichst, daß die Tage Ihres — für
das Wohl des Vaterlandes so gemeinnüzigen Lebens mit der dauer=
haftesten Gesundheit, mit den entzükendsten Freuden und mit den
glänzendsten Erfolgen Ihrer patriotischen Gesinnungen und Ver=
dienste bekrönet werden mögen.

In meine klösterliche Einsamkeit verschlossen, werde ich von
ferne Ihrer kraftvollen Thätigkeit und der gesegneten Wirksam=
keit Ihres talentvollen Geistes und Ihres menschenfreundlichen
Herzens mit Wonne und Beyfall zusehen, und an Sie und an
unsern Seelenbund immer mit der reinesten Hochachtung und mit
der gefühltesten Freundschaft gedenken, als

      Ihr

              unzertrennlichverbundener Freund,
           Johann Ferdinand Roth.

Erster Abschnitt.
Von den Badern.

§. 1.

Ursprung der öffentlichen Bäder in Teutschland.

Der Aussaz, welcher in den ältern Zeiten in Teutschland sehr häufig anzutreffen war, und durch die Unreinlichkeit immer mehr ausgebreitet wurde, gab zu den vielen Badstuben in Teutschland die nächste Veranlaßung, weil man einsah, daß das öftere und sorgfältige Baden eines der bewährtesten Hülfsmittel gegen diese schrekliche Krankheit wäre. Die damaligen Teutschen aber waren so sehr an die Unsauberkeit und Unreinlichkeit gewöhnt, daß sich die Fürsten, die Geistlichkeit und die Magisträte in den Städten alle Mühe geben musten, um bey dem Volke den Gebrauch der öffentlichen Bäder einzuführen.

Die Geistlichen erhoben das Baden zu einer Religionshandlung, und machten dem Volke glauben, daß man dadurch die Sünden abwaschen und deren Vergebung erlangen könne. In vielen Klöstern wurden Badstuben angelegt, und Vermächtnisße zu Seelenbädern *) gestiftet. Diese bestimmb

den

*) Seelbad war ein Bad für arme Leute in einem Spital, Kloster oder sonst, wozu das Geld in einem Testamente oder in einer milden Gabe vermacht worden, als ein verdienstliches Werk der Seele des Gebers zum Besten. Gemeiniglich war mit diesem Bade auch eine Spende oder Mahlzeit verknüpft. Bisweilen aber bedeutet Seelbad nur die Spende ohne Bad, wie schon Frisch und Scherz bemerkt haben. S. Bremisch-Niedersächsisches Wörterbuch (Bremen 1770. 8.) Th. IV. S. 717.— v. Selchow in seiner Juristischen Bibliothek (Götting. 1770. 8.) B. III. St. 4. S. 716. wo er jenes bremische Wörterbuch anzeigt, sezt folgende Bemerkung bey. „Vielleicht wäre besser gewesen, unter diesem Vermächtnisße alles zu verstehen, was nach der Sprache des mittlern Alters, pro redemtione peccatorum s. animae, oder der

Seele

den darinn, daß arme Leute zu bestimmten Zeiten entweder in den Klöstern oder auch in den öffentlichen Badstuben der Städte oder in Hospitälern umsonst gebadet, und, wenn sie es verlangten, geschröpfet, oder zur Ader gelassen, und hernach gespeiset, oder auch mit Brod, Bier und Salz beschenket wurden, zum Heil der Seele des verstorbenen Stifters, und deren Linderung und Abkühlung im Fegfeuer.

Damit auch der Ritterstand an Reinlichkeit gewöhnt, und die schmuzigen langen Bärte abgeschaft werden möchten, so konnte kein Ritter in einen Orden kommen oder ein Knappe zum Ritter geschlagen werden, wenn er nicht am Abende vorher sich hatte baden, und den Bart abnehmen lassen. Beydes gab Gelegenheit, daß in Teutschland die Bader und Barbierer eingeführt wurden. Doch hielt es mit dem Abnehmen der Bärte, wenigstens in Teutschland, schwerer, weil die Pfaffen einen Vorzug darinn suchten, lange Bärte zu tragen, wie einige Mönchsorden noch heutigen Tages. Die Barbierer sind erst in dem dreyzehnten Jahrhunderte in Teutschland in Aufnahme gekommen.

Durch diese Mittel wurden bald in den ersten Zeiten die Brautbäder, das Baden der Hochzeitgäste und das wöchentliche Baden der Handwerkspursche und Gesellen allgemein eingeführt, so, daß das Baden in Teutschland zur herrschenden Mode wurde. S. Hrn. D. J. C. W. Möhsen Geschichte der Wissenschaften in der Mark Brandenburg. Berlin 1781. in 4°. Man vergleiche damit D. Joh. Ge. Estors Auserlesene kleine Schriften (Gießen 1734. in 8.) B. I. St. IV. S. 884. f. ob die Bader *Chirurgi* zu nennen; und wie beide von einander unterschieden seyen? — ingleichen *Wildvogelii* Diss. de Balneatoribus.

§. 2.

Seele zu Bade d. i. zum Besten gegeben werden; indem fast alle Vermächtniße zu geistlichen Anstalten darunter verstanden werden; so wie man Seelmessen nannte, was für die Messen gegeben werden mußte, welche man der abgeschiedenen Seele zum Besten hielt,, s. von Wicht Anmerk. über das Ostfries. Landrecht. S. 499.

§ 2.

Der Aussaz verbreitete sich auch über Nürnberg und veranlaßte daselbst mehrere Anstalten dagegen.

Sondersiechen wurden in ältern Zeiten diejenigen genennet, welche mit der schweren Krankheit des Aussazes behaftet waren. Solcher sondersiechen Personen kamen jährlich in der Charwoche mehr als siebenhundert nach Nürnberg, weil die feyerliche Ausstellung der Reichs-Heiligthümer sehr viele Fremde aus nahen und entfernten Orten dahin zog und sie sich also auf eine ergiebige Betteley Rechnung machen konnten. Sie wurden an Leib und an der Seele gespeist. Einmal geschah diese Speißung öffentlich und feyerlich in der Kirche zu St. Sebald, wo die Patrizier und die erbarn Matronen sie bey Tische bedienten. Sodann wurden sie reichlich beschenkt; jeder bekam einen Rock, ein linnenes Hemd, Sacktuch und eine Wegzehrung.

Noch größer war die Menge der Armen und Bettler am Feste aller Heiligen und aller Seelen. Nicht nur alle Spitäler, Kirchen und Klöster in der Stadt waren mit ihnen angefüllt, sondern auch außerhalb, um die Stadt herum, sollen oft über vier tausend solcher Sondersiechen sich einquartirt haben. Das, was sie herbey lokte, war die Gutmüthigkeit der Bürger, deren meiste über 40 und 50 Goldgulden unter sie austheilten, *) weil sie wähnten, ihre Seelen und die Seelen ihrer Vorfahren und Anverwandten dadurch aus dem Fegefeuer zu erlösen.

Im

---

*) Cochlaeus oder Wendelsteiner (geb. 1479. zu Wendelstein bey Nürnberg) schreibt in dem 4ten Kap. seiner Cosmographiae Pomp. Melae (Norib. 1512. 4.), welches eine weitläufige Beschreibung der Stadt Nürnberg enthält, und worin er derselben vieles Lob beylegt: In hebdomade sancta singulis quibusque annis confluunt ex longinquo *leprosi* supra DCC. qui ibi cibantur tam corporaliter quam spiritualiter: semel publice in cimiterio S. Sebaldi, ubi Patricii ac matronae ad mensam eis ministrant. Remittuntur uero deinde donati, singuli quidem tunica linneoque, sudario quoque ac uiatico. At vero in die commemorationis animarum tantus est mendicorum concursus, ut extra moenia interdum supra IIII. millia considere ferantur atque in urbe omnia cimiteria plena sint: elargiuntur enim tunc plerique ciuium supra XL. aut L. aureos.

Jn

Im J. 1394 wurde ein Almofen für die **Sonderfiechen**, das um die öfterliche Zeit alle Jahre ausgetheilet werden sollte, geftiftet, und zwar auf Veranlaßung eines Predigers im neuen Spital, M. **Nicolaus**, auch eines Beutlers, der **Kohlen** (Koben) **Rindmann** (Rindermann) genennet, dann der Frau Anna **Grundherrin**, Anna **Ulrichin** (Ußlingerin) und Anna **Weidingerin** (Neydingerin). Diefe fünf Perfonen haben den Anfang gemacht, jenes Almofen auszutheilen, und blieben 15 Jahre Verwefer diefes Almofens. Nachher kamen noch als Mithelferinnen dazu: Agnes **Plindin**, Margaretha **Schaffin**, Anna Jungfrau **Graferin**, Caecilia **Rolhoferin** und **Kunigunda Krellin** Wittb. Nach dem Tode der Catharina **Lochnerin**, die an Pfingften im 62ten Jahre ftarb, erwählten die Herren des Raths einen Pfleger, Hanns **Ulftatt** den ältern, da diefes Almofen zuvor nur durch Frauen und Jungfrauen beforgt wurde. Zu Mithelferinnen gaben fie ihm Urfula, Sebald **Hallerin** Wittb und Jungfrau Margaretha **Krellin**. Diefe traten ihr Amt im J. 1462. an. Noch heutiges Tages find die **Beutler** (Neftler) Austheiler diefes Almofens. *) Nach der Zeit wurde

In Conrad Mendels Stiftungsbriefe, das Bruderhaus bey der Karthaufe betreffend, vom J. 1388. wird auch fchon der Sonderfiechen gedacht. „Ob einer funderfiech wurde oder hohen Siechtag hette, auch ob eines derfelben funderfiech wirdt, dem fol man urlaub geben, auch ob einer den hinfallenden fied.tag hett, den fol man auch nit hinein nennen.„ S. Gefchichte und Befchreibung der Karthaufe rc. (Nürnb. 1791. in 8.) S. 202.

*) Wie diefe Beutler fich für die Sonderfiechen bey ihren Mitbürgern verwendeten, wird man aus folgenden Stellen, die Herr Pred. Waldau in feinen Beyträgen III. B. XX. H. 261. S. bekannt gemacht hat, am beften abnehmen.

„Item foll man zu Mitterfaften (mitten in der Faften, am Sonntage Lätare) die acht man, die Peutler bitten, daß fie betteln den armen Sunderfiechen, wie dann von alters her ift kumen, fo heben fie dann an zu betteln an unfer lieben Frauentag (Mariens-Verkündigung) früe zu der Zeit bey der Wechfel genannt, da dann St. Morizenkirchen zur felben Zeit geftanden am Markt, nach Tifch zu St. Marta und zu St. Moriz, und man gibt in zwei tächer auf die Tifche, dabei fie betteln, und für zwei gulden heller die fie haben müffen bei dem Tifch, und die päbftliche Bulln und Brief, deßgleichen am Palmtag den ganzen tag, und den Karfreitag vor Tifch und den ganzen tag, wie fie wöllen.

Item fo gibt der Pfarherr den acht mennern, den Peutlern, zu effen in feinem Haus, wo er fitt, an unfer frawen tag einmal, und am palmtag zweimal, und am Mitt-

wurde dieses Almosen durch mehrere Beyträge gutherziger Seelen vermehret *) und also der Hang, Nürnberg zu besuchen, in den ausländischen Armen gestärkt und unterhalten. **)

Weil nun aber die Polizey einsah, daß durch so viele Arme, welche aus allen Ecken und Winkeln Deutschlands herbeyströmten, und unter denen sich viele Kranke und zum Theil Aussäzige (Sonderfiechen) befanden, leichtlich Gefahr für die Gesundheit und für das Leben der Einwohner Nürnbergs entstehen möchte; so wurde auf dem Neuenbau ein eigenes Haus, ***) das **Sonderfiechenhaus, Siechhaus, Schauhaus** genannt, dazu bestimmt, daß sie in demselben besichtiget und kurirt würden. Diese Siechenschau verrichteten die ältesten 4 Stadtärzte, eine geschworne Frau ****) und 3 Geistliche. In der Folge ergieng von Rathswegen folgender Verlaß: „Nachdem sich etliche vergangene Jahr her, die **Sonderfiechen Personen**, welche altem Brauch nach, in der Charwochen allhier zu kommen pflegen, dermassen gemehrt, daß sie in den wenigen Tagen, von den darzu verordneten Doctorn und Aerzten, schwerlich alle der nothdurft nach geschaut und gerechtfertigt werden können, damit nun solche Schau die künftige Wochen mit desto besserm Fleiß vnnd gelegenheit verricht werden möge, So hat ein Erbar Rath allhie die verordnung gethan, das erstlich alle Personen,

b 3   die

Mittwochen in der Marderwochen gibt man dem mann einmal im Siechhaus, der den halben tag gebettelt. Vnd am Antlastag (am grünen Donnerstag) gibt man zu allen einmal im Siechhaus, vnd am Karfreitag desgleichen.„

Item so kummen die 2 menner am Osterabendt, die do 4 tag haben gebettelt, vnd bringen dem pfleger das geld alles, was sie haben erbettelt, So gibt man jn mandelkern vnd braten (rohe) feigen vnd Leckkuchen vnd wein, vnd man danket jn gar fleißiglich.„

*) Hans Stark hat A. 1495 gestiftet 200 fl. ewiges Geld, daß man davon wöchentlich soll ausgeben 2 fl. unter so Hausarme Leute, und von dem übrigen Leinwand kaufen, und jährlich den Sonderfiechen, denen man Nöte giebt, jedem dazu 3 Ellen Tuch zu einem Hemd geben.„ Aus einer handschriftl. Chronik.

**) Vom Sonderfiechenalmosen f. Müllneri Annal. ad A. 1394. — Jo. ab Indagine p. 348. 726. Histor. Diplom. Magazin II. B. S. 509. Wald. Beyträge XX. H. S. 254. f. f.

***) Wo jezt der Weinstadel steht.

****) S. unten den dritten Abschnitt, wo von den geschwornen Weibern geredet werden wird.

die allhie Burger und Burgerskind, vnd mit solcher schwerer Kranckheit des Aussazes behafft sein mögen, vor den andern Fremden Sondersiechen zeitlich sollen fürgenommen vnd besichtiget werden, Welche nun von Burgern vnd Burgerskindern alhie solcher Schau notbürfftig sein, die wollen sich auf den nechstkünfftigen Erichtag nach mittag, vmb zwölff vhr, auf den mittlern zeiger in das Siechhauß allhie auf dem Newenbau verfügen, bey den verordneten daselbst anzeigen, vnd der Schau gewertig sein, damit sie allbalden abgefertigt, vnd alsdann der andern ordentlichen Schau mit den Frembden auch desto baß abgewartet werden könne.,, *)

Im J. 1446. wurde dieses Sondersiechenhaus auf dem Neuen Bau wieder gebauet.

Im J. 1562 in der Charwoche hat man angefangen, die Sondersiechen auf dem neuen Bau, und nicht mehr in der Kirche zu St. Sebald, zu speißen. Es wurde ein Schranken dazu aufgemacht, in welcher ein Predigtstuhl mitten auf dem Plaze bey dem Brunnen gestanden. Auf der Hofstätte des abgebrannten Waisenhauses, das an dem Ecke des neuen Baues und der Weißgerbergaße ehemals stand, hat man ein Zelt aufgeschlagen, und ihnen darunter das heil. Abendmahl gereicht.

Im J. 1574 sind die Sondersiechen in der Charwoche das leztemal auf dem neuen Bau geschauet und gespeißet worden. Ihrer waren über 2500, und der andern armen leute über 700. Es wurde zulezt einem jeden, der geschauet worden, statt des Tuchs und Hembds, ein Guldengroschen gegeben.

Nachdem dießmal über das Einkommen dieser Sondersiechenstiftung 1974 fl. eingebüßt worden, und sich die Menge von Jahren zu Jahren gemehret, also, daß die Stiftung bey weitem nicht hat zureichen können, zu dem, daß bey der langwierigen Theurung das Almosen bey der Bürgerschaft sich sehr verminderte, und sich außer den Sondersiechen jährlich eine große Menge fremder Bettler, darunter viele Mörder, Räuber, Diebe und andere schädliche leute gewesen, mit dazu geschlagen, die man nicht allein das ganze Jahr von der Stadt, und aus der Landschaft nicht hat wegschaffen,

fen,

*) Die die Siechenschau in der Charwoche betreffenden Mandate stehen angezeigt in Bibl. Nor. Will P. I. S. II. p. 57. 58. 111.

fen können, sondern die auch so viele Kranke Leute und Kinder zurückge-
lassen, daß alle Almosen, Köbel und Findel damit überhäuft und beschwert
worden; über das auch bey den theuern Zeiten und Sterbensläuften von
einem solchen Haufen Bettler allerley Gefahr zu besorgen gewesen; so hatte
der Rath decretirt „die Sondersiechen hinfüro nicht in die Stadt zu lassen,
und im nachfolgenden Jahre gedrukte Mandate allenthalben in der Stadt
Nürnberg Landschaft verruffen und anschlagen lassen, darinn solches mit
Anführung der Ursachen männiglich verkündet worden, mit Erbieten, daß
man nichts destoweniger die Sundersiechenschau wolle freygehen lassen, und
jeden Sundersiechen anstatt der Speiße und des Tuchs mit einer Zehrung
alsbald abfertigen.„

   „Man hat den Bürgern, welche den Sondersiechen Almosen auszutheilen pflegten, frey gestellet, solches nach gehaltener Schau entweder selbst
auszutheilen, oder dem verordneten Pfleger zum Ausheilen zuzustellen.
Welche Personen aber gestiftete Speiße und Kleidung zu diesem Almoßen geben, die sollten dieselbe hinfür in Geld verwandeln.„

   Diese Siechenschau wurde sodann in den Siechkofel zu St. Johannes verlegt, woselbst noch im J. 1655 den 10 April, an einem Dienstage,
diese Siechenschau vorgenommen worden ist. Sie wurde von den vier ältesten und drey jungen Physikern angestellt. Es war auch eine geschworne
Frau dabey, welche die Weibspersonen untersuchen muste. Es wurden 94
Personen theils Manns- theils Weibspersonen geschauet, darunter 7 Personen siech, und zwey Personen, die die Franzosen gehabt, erfunden wurden.
Sie wurden auf dem blossen Rüken mit einem schwarzen Kreuze von Schwärz
und Scheidewasser, vermittelst eines Pinsels bezeichnet, damit Niemand
noch einmal kommen und das Almosen zweymal empfahen könnte. Jeder Person wurde ein Schreiben an ihre Herrschaft mitgegeben, damit sie von derselbigen gleichfalls versorget würde. — Diese Siechenschau geschah in der
Kirche bey St Johannes, wo die Leute von 3 Geistlichen das heil. Abendmahl empfiengen. Jeder Arme, der wirklich siech war, bekam ein Almosen, eine Mannsperson 10 Bazen, eine Weibsperson einen halben Gulden,
junge Knaben und Mädchen drey Bazen, und kleine Kinder sechs Kreuzer.
Diejenigen, welche nicht als siech erfunden worden, bekamen — Nichts.

                                   Das

Das **Schaubaus** oder **Siechhaus** auf dem neuen Baue wurde nachher für arme und kranke **Dienſtboten**, beſonders fremde Kranke beſtimmt, welche gegen einen gewiſſen Beytrag oder auf bedürfenden Fall, ganz unentgeldlich geheilt und gewartet wurden. Als nach einiger Zeit aus dieſem Hauße ein allgemeines **Spinnhaus** gemacht wurde, wurden die Kranken in die Lodergaſſe verlegt, woſelbſt noch heutiges Tages dieſes **Schauhaus** unterhalten wird, das ſeinen eigenen **Haußmeiſter**, nebſt Aufwärtern und **Schauhausträgern** hat. Das Stadtalmoſenamt beſorgt den Arzt, Wundarzt und die nöthigen Arzneyen.

§ 3.

Der Ausſaz gab Gelegenheit zu Errichtung öffentlicher Bäder in Nürnberg.

Außer dieſen Anſtalten wurden in Nürnberg ſehr bald Bäder errichtet, um der Ausbreitung der in Teutſchland herrſchenden Krankheit des Ausſazes, weil derſelbe, wie wir im vorigen § gezeigt haben, jährlich durch eine ungeheure Menge fremder Perſonen gleichfalls dahin gebracht worden war, kräftigſt entgegen zu wirken.

Die älteſte Badſtube in Nürnberg iſt das ſogenannte **Roſenbad**, von welchem die Bader in ihren Streitigkeiten mit den Barbierern aus alten Urkunden erwieſen haben, daß es ſchon vor ſiebenhundert Jahren geſtanden, und das **Burgbad** geheißen habe. Nach dieſem kommt diejenige Badſtube, welche an der Pegnitz ſich befand, und im J. 1288 von Konrad von Nürnburg laut einer Urkunde dem daſigen Franciſcaner-Kloſter übergeben wurde.

Im J. 1309. kommt ſchon das **Sattler** oder **Hutersbad**, bey der Fleiſchbrüke, in einer Urkunde vor. S. Cod. Diplom. Holzſchuh. p. 18.

Das **Irrerbad**, an der Irrergaße (Weißgerbergaße jezt genannt), war ſchon im J. 1327 vorhanden.

Eines der älteſten Bäder war auch das alte oder **Zottenbergerbad**, am Kreßiſchen Majoratshauße, bey dem Jakobswirthe, welches biß 1349 das **Judenbad** war. Die Juden haben aber daſſelbe nachher in ihr neues Schlachthaus zur weißen Krone in der Judengaße verlegt, wo jezt das

Kran-

Krankenhaus ist. Eine Nachricht von diesem Krankenhauße findet man in (Herrn D. und Prof. Siebenkees) kleiner Chronik von Nürnberg (Altdorf 1790. In 8.) S. 97.

§ 4.

Ursachen, warum die öffentlichen Bäder wieder in Abnahme gekommen sind.

Obgleich das Baden, nach dem einstimmigen Urtheil der Aerzte, von sehr großem Nuzen ist, indem dadurch nicht nur die Reinlichkeit, sondern auch die Stärke und Gesundheit des menschlichen Körpers befördert wird; so kamen dennoch die öffentlichen Bäder wieder in Abnahme, wozu mehrere Ursachen beytrugen.

Ueberhaupt fiengen die Menschen an, sich der Reinlichkeit immer mehr zu befleißigen und für die Erhaltung derselbigen alle mögliche Sorge zu tragen. Diese Reinlichkeit wurde dadurch ungemein befördert, daß der Gebrauch der leinenen Hemden in Teutschland immer allgemeiner wurde. Da nun das Baden ehemals hauptsächlich nur als ein Mittel gegen den Außsaz, dessen Entstehung man der Unreinlichkeit vorzüglich zuschrieb, eingeführet worden war, die meisten Menschen aber für ihre Reinlichkeit selbst auf alle Art zu sorgen, angefangen haben; so hielt man das öftere Baden für unnöthig und überflüßig.

Dazu kamen noch, wie wir oben sagten, verschiedene Mißbräuche, die sich nach und nach bey dem Gebrauche der gemeinen oder öffentlichen Bäder einschlichen, indem nicht nur die ledigen Personen, welche dieselbigen besuchten, sondern auch die Badknechte und Badjungen, welche sie bedienten, sich allerley Muthwillen erlaubten, wie dann unter andern für leztere von Polizey wegen das Gesez gemacht werden mußte: „daß sie nicht nakt über die Strasse laufen sollten.‟

Endlich verursachte die venerische Krankheit den öffentlichen Badstuben den gänzlichen Untergang und zog ihnen allgemeine Verachtung zu; weil nicht nur die Furcht, angesteckt zu werden, und der Ekel, den dieser Gedanke erregte, den Gebrauch der gemeinen Bäder verdächtig machten, son-

c   dern

dern auch weil das warme Baden das Gift, das sich jetzt nur in gewissen Theilen festsetzt, damals in dem ganzen Körper verbreitete, und die sogenannten französischen Pocken oder Blattern zum Ausbruch brachte.

Diese Krankheit hatten nemlich die Soldaten oder Landsknechte, wie sie damals hießen, aus Frankreich nach Teutschland gebracht. „Im J. 1493. sagt eine gleichzeitiggeschriebene Nürnbergische Chronik, ist bös Krankheit, malo franco, welches man die Franzosen nennt, erstlich ins Teutschland kommen. „

Es ist merkwürdig, daß zwey exotische Krankheiten, der morgenländische Aussaz, und das abendländische venerische Uebel, welche einander folgten, einmal die Gewohnheit zu baden eingeführt, und das zweytemal wieder vertilgten.

Wie schnell und allgemein sich diese schröckliche Seuche, die Franzosen, ausgebreitet habe, erkennt man aus folgender Stelle eines Briefes, welchen der berühmte Nürnbergische Künstler, Albrecht Dürer, an Wilib. Pirckheimer aus Venedig d. d. 18 August 1506 nach Nürnberg geschrieben hat:

„Saget mir unserm Prior *) (Eucharius Karl, bey den Augustinern daselbst) mein willig Dinst. Sprecht, daz er Gott vür mich pit, daz ich behüt werd unnd sunderlich vor den Franzosen, wan ich weiß niz, daz ich iz voller furcht, wan schir Jederman hat sy. Will leut fressen sy gar hinweg, daz sy also sterben. „

In Matthäus Landauers Stiftungsbriefe des Zwölfbruderhauses hinter Allerheiligen zu Nürnberg, vom 21 Jenner 1510. kommt eine eigne Rubrik von den Franzosen vor, welche beweiset, daß diese Krankheit schon damals daselbst sehr gemein gewesen seyn müsse.

„Hinfallend siechtagen. Aussaz unnd mala Franzosa. „

„Ob aber der Bruder ainer mit dem außsaz, dem hinfallenden siechtagen, oder der kraukheit der Franzosen begriffen wurd, der soll bey den andern brudern nitt gelitten, Sonnder zu stunnd geurlaubt werden. „

Ulrich Hutten, dieser mannhafte Ritter und freye teutsche Mann, gesteht in seiner Schrift de Gujaci medicina et morbo gallico. Mogunt. 1519. in 4. freymüthig und offenherzig, daß man mit dieser Krankheit nicht leicht unschul-

---

*) Eucharius Karl war Prior seit 1504. starb 1507.

unschuldiger Weiße angesteft werden könne, ob er schon zu gleicher Zeit sage, er habe sie von seinem Vater geerbet.

Nun wird man sich nicht wundern, daß des Nikolaus von Lonigo Buch de epidemia, quam Itáli morbum Gallicum, Galli vero Neapolitanum uocant, vom J. 1497—1506 dreymal gedruft worden ist.

Sobald dieses Uebel auch in Nürnberg sich auszubreiten anfieng, machte die Polizey Anstalten, der weitern Ausbreitung desselben vorzubeugen. Schon im J. 1496. ergieng folgendes Gesez deswegen:

„Allen padern bei einer poen zehen gulden zu geplten das sie darob vnd vor sein, damit die menschen, die an der Newen franfhait malum Franzosen, besteft vnd frank sein, in Irn paden (Bäder) nicht gepadet, auch Ihr scheren vnd laßen ob sie zu denselben kranken menschen scheren vnd laßen giengen, die Eisen vnd Messer, so sie bey denselben kranken Menschen nuzen, darnach In den padstüben nit mer geprauchen. Actum quarta post Martiny. „

Noch im J. 1569. d. 16 Sept. ergieng ein Rathsverlaß, des Innhalts: „Die Bade auf dem Lande, auch Lohföpf vnd Schröpfeisen sauber zu halten, damit niemand dadurch inficirt werde, darzu die Kranken und Französischen vnd andere unsaubere Leut in die Bäder nicht einzulaßen. „ *)

Nicht nur durch weise Geseze suchte man von Polizey wegen der weiter um sich greifenden Seuche Einhalt zu thun; sondern es wurden auch eigene Häußer dazu bestimmt, darinn die bereits Angestekten aufgenommen und furirt werden könnten, damit nicht durch dieselbigen andere gesunde Menschen angesteft würden.

Anfänglich hat man diejenigen, welche mit den Franzosen behaftet waren, in dem Pilgerhauße zum H. Kreuz furirt, und im J. 1497 einem Arzte, der diese Krankheit zu furiren sich unterstanden, das Bürgerrecht geschenkt. S. Müllners Annalen.

Auch sind die armen Leute, die von dieser Krankheit angesteft waren, auf dem Säumarkte in kleinen Hüttchen gesessen, aber im J. 1509 weggeschaft worden, indem für sie ein eigenes Haus, das Franzosen- oder

c 2   Blatter-

*) Willii Bibl. Nor. P. I, S. II. p. 57.

Blatterhaus, zwischen dem Lazarethe *) und der Weidenmühle, erbauet worden war. S. Joh. Müllners Annalen. **)

Im J. 1572 brannte dieses Franzosenhaus ab, und im folgenden J. fieng man an, es wieder aufzubauen. Die Kranken wurden inzwischen in dem Lazarethe verpfleget.

Gegenwärtig stehet das Franzosenhaus, in welches solche Personen, die mit venerischen und andern ansteckenden Krankheiten behaftet sind, aufgenommen werden, an dem Platze der ehemaligen Kapelle zu St. Sebastian.

In

---

*) Da, wo jetzt die Caserne ist, stand ehemals das Lazareth, dessen Entstehungsgeschichte ich hier beyfügen will.

Im J. 1490 starb Conrad Marstaller, ein Bürger zu Nürnberg, welcher in seinem Testamente vom J. 1489 befohlen hatte, alle seine unverschikte Habe zu Gottes Ehre zu verwenden. S. Würfels Diptycha p. 351. f.

Die Exekutoren seines Testaments kauften die Erbgerechtigkeit dreyer Tagwerk Wiesen an der Pegnitz von Sebald Tucher; das Eigenthum aber schenkte ihnen der Rath.

Hier wurde im J. 1495 angefangen, eine Kapelle zu St. Sebastian, und ein Lazareth von Steinen zu bauen durch Beyhülfe gutdenkender Leute, für arme und kranke Bürger und Dienstboten.

Ueber den Bau dieses Lazareths entspann sich im J. 1526 ein Proceß mit dem Marggrafen von Brandenburg an dem Reichskammergerichte. Man fuhr aber doch zu bauen, fort, und das Lazareth wurde im J. 1528 vollendet.

Im J. 1552 wurde es, wegen des Kriegs mit Marggraf Albrecht dem Jüngern zur Sicherheit der Stadt abgebrannt; im J. 1554 fieng man aber an, es wieder aufzubauen. Im J. 1593 wurden auf das alte Gemäuer zwey Häuser, und nachher noch zwey Häuser gebauet. Nur die St. Sebastians-Kapelle wurde nicht mehr gebauet.

Ueber dieses wurden zu dem Rochuskirchhofe zwey Häuser gebauet, darinn etliche Gemächer mit Bettwerk versehen wurden, dahin man zur Zeit der Pest diejenigen, welche im Lazareth gesund waren, auch doch noch nicht unter gesunde Leute und in die Stadt gelassen werden konnten, geschaft und sie mit Speise und Trank versorget hat.

Wegen dieses Lazareths und der darinn befindlichen Kranken erschienen von Zeit zu Zeit obrigkeitliche Verordnungen.

1567. den 24 Nov. Ordnung, wie es mit Pflegung der Kranken im Lazareth gehalten werden, und sich dieselben dagegen wiederum erzeigen sollen.

Andere des Hrn. Pflegers Ordnungen und Satzungen, wie sich die kranken Personen im Lazareth außer der ordentlichen Cura sonsten auch verhalten sollen. S. Bibl. Nor. Will. P. I. S. II. p. 51.

**) Beide Stellen aus Müllners Annalen stehen bereits abgedrukt im Journal v. u. f. D. 1784. St. I. N. VII. S. 45.

In dem untern Theile dieses Hauses ist die Wohnung des Militzgeistlichen, der zugleich Pestilentiarius ist.

Alle diese Ursachen zusammengenommen veranlaßten wohlhabende Bürger, in ihren Privathäusern eigene Badstuben *) zu errichten, wodurch das Baden in den gemeinen und öffentlichen Bädern nach und nach immer mehr in Abnahme kam. Daß fast in jedem Hause ein eigenes Badzimmer gewesen, beweißt noch die Benennung der Zimmer, welche jetzt in dem untersten Stockwerk der meisten Zimmer zur Reinigung der Wäsche gebraucht werden, und Badlein (Badstübchen) heißen. In einer Nürnbergischen Chronik heißt es: „erbare Leute giengen nicht gerne in die Badstuben, weil etliche lose Landsknechte die Leute in den Badstuben verderbet, daß sie elend geworden, die Laßköpfe ausgeschworen, und sie zum Theil gestorben.„

Doch hat man noch im J. 1663. im Sandbade gebadet.

§ 5.
Eingegangene Bäder.

1.) Das Fuchsbad, in der Schlotfegergaß, war schon 1544 nicht mehr.

2.) Das Prellen- oder Brüllerbad, in der Rothgasse, gegen dem Teuflischen Brauhauß über, wo jetzt eine Kutscherey ist. Es wurde 1629 (n. a. 1626) abgebrochen, und dagegen die Badstube in Unterwöhrd wieder eröfnet.

3.) Das alte oder Zottenbergerbad, (dessen oben § 3. schon ist gedacht worden,) wurde 1634. verschlossen.

4.) Das Sattler- oder Hutersbad, bey der Fleischbrüke. (s. oben § 3.) Es war schon 1648 abgegangen.

5.) Auch auf dem Wildbade soll ehehin ein Badergesell gewohnt haben, biß 1577 das jetzige Wildbad erbauet worden.

c 3 § 6.

*) S. Hrn. Prof. Wills Beschreib. der Wasserkunst S. 41.

§ 6.

Gegenwärtige Badstuben.

Im J. 1671. sind in Nürnberg 13 gemeine oder offene Bäder, darunter ein Gesundbad ist, von welchem im Folgenden geredet werden soll, gezählet worden; dermalen sind noch zehn Badstuben. *)

1.) Das **Rosenbad** bey dem goldenen Schilde. Es soll das älteste seyn, und ehehin das Burgbad geheißen haben.

2.) **Strohsackbad**, am Fischbach.

3.) **Sandbad**, bey dem Schießgraben.

4.) **Sonnenbad**, in der Judengaße.

5.) **Zachariasbad**, bey dem ehemaligen Gasthofe zu den 3 Königen. Es kommt schon 1404 vor; gieng zwar 1652 ein, kam aber in neuern Zeiten wieder in Gang.

6.) **Fleischbank-** oder **Pfannenbad**, ehemals am Pfannenstege; seit 1784 am Tuchgäßchen.

7. **Weißthurmbad**, bey dem weißen Thurme.

8. **Irrerbad**, an der Irrergaße. Es war schon 1327 vorhanden.

9. **Zeughausbad**, hieß ehemals auch das Sündergaubad.

10.) **Unterwöhrdbad**, wurde vormals das Neustubenbad, auch Sonderbad genennet.

Die Bader haben 3 Geschworne.

Sie werden bey ihrer Annahme von den Geschwornen in Gegenwart 3 Doctoren der Medizin, des Senior. primar. Colleg. medic., des Decani, und Visitatoris Senioris 3 Tage examinirt.

Zum Probestücke müssen sie machen: 6 Pflaster und 6 Vnguenta, und zwar 4 Stücke in Gegenwart der obigen Personen.

§ 7.

Streitigkeit der Bader mit den Barbierern.

Die Bader haben lange einen Streit mit den Barbierern wegen des Trockenscheerens bey Rath geführt, welcher nachher an den Kaiserl. Reichshofrath,

*) S. Hrn. Prof. Wills Beschreib. der Wasserkunst S. 48.

hofrath, und endlich an das Kammergericht gekommen ist. Dieser Streit hat beide Partheyen viele tausend Gulden gekostet.

Die Bader nemlich sollten nur denen, welche wirklich bey ihnen baden, folglich ausgezogen und naß sind, das Haar und den Bart putzen dürfen.

Endlich kam im J. 1704. ein Vergleich zwischen beiden Partheyen zu Stande. Die Beschaffenheit dieses Vergleichs kann in folgender Druck-schrift nachgelesen werden: „Gründliche Information über die lang obhanden gewesene und publica Authoritate verglichene Differentien der Nürnberg. Barbierer und Bader et resp. Wundärzte s. l. 1704. in 4to „ *

§ 8.
Aberlaßbinde.

Die Bader und Barbierer pflegten Aberlaßbinden vor ihren Woh-nungen auszuhängen; diese mußten aber nach denjenigen Kalendern, welche von dem hiesigen Magistrate vorgeschlagen wurden, eingerichtet seyn. Die-ses erhellt aus folgenden Rathsverläßen.

„Den geschwohrnen Barbierern und Badern ansagen, biewell meine Herren finden, daß des Prelochßen zu Hall vnd Magister Joachim Hellers allhie gemachte Laßzettel oder Calender vast gleichmässig, so sollen sy nach ausweißung des Hellers Calenders aushencken vnd denselben gebrauchen, als der auf diesen Meridian gerecht ist. Per Herrn Jörg Volkamer. Actum Donnerstags 16 Decembris 1549, **)

Abdias Trew, Prof. in Altdorf, gedenkt gleichfalls, in der Dedi-kazion seines Kalenders vom J. 1659. an den Magistrat zu Nürnberg, eines Privilegiums, daß „ laut E. Wol. Edel, Gestreng vnd Herrlichkeit unlängstergangenen Rathsverlaß die Barbierer und Bader die Binden als Zeichen eines guten Aberlaß-Tages nach seinem Calender aushängen sollen. „

Auf dieses Aushängen der Aberlaßbinde, ob es gleich nicht mehr ge-schiehet, müssen noch heutiges Tages die Barbierer jährlich schwöhren!

§ 9.

*) Bibl. Nor. P. I. S. II. n. 1043. p. 213.

**) S. Hrn. Pred. Waldau Beyträge IV. B. XXX. H. 414. S.

§. 9.

Von dem Wildbade in Nürnberg.

Das Waſſer dieſes Wildbades kommt nach D. Schobers Meinung von einer Wieſenquelle, von Zerzabelshof aus, wo ſchon im J. 1646. ein Geſundbrunnen entdekt worden ſeyn ſoll, beßen Waſſer eine gleiche Beſchaffenheit wie das Wildbadwaſſer hatte, durch den gelben Letten der Wöhrder Wieſen in die Stadt hinein.

D. Johann Scultet, beßen Rede wir weiter unten anführen wollen, hielt das Waſſer für mineraliſch, das auch Eiſentheilchen bey ſich führe, doch ſchrieb er ihm auch etwas von der bolariſchen Erde zu.

Auch Joh. Hiskias Cardilucius, ein ehemaliger Herzoglich Würtembergiſcher Leibarzt, welcher das hieſige Wildbad ſelbſt prüfte, befand das Waſſer mineraliſch. Die Benennung des Wildbades ſuchte er ſo zu erklären. Wild hieße das Waſſer, weil es gleichſam im Vergleich mit andern gemeinen ſüßen Waſſern ein wildes, das iſt, von ſelbſt und ohne beſondern dazu angewandten Fleiß entſtandenes Waſſer ſey, da hingegen jene in ihren Quellen geſucht, und durch Röhren, Rinnen und Waſſerbereitungen geleitet werden müſſen.

D. Schober aber, in ſeinen weiter unten anzuführenden Bemerkungen, will nicht geſtatten, daß man daſſelbe thermas ferinas nenne, ſondern behauptet, daß wild hier ſoviel, als unächt heiße.

Nicht nur Herr Prof. Will *) wird nächſtens, wie verſichert wird, eine Nachricht von dieſem Wildbade dem Publikum mittheilen, ſondern man hat auch gegründete Hofnung, daß eheſtens eine genaue chemiſche Unterſuchung dieſes Waſſers angeſtellt und deren Reſultat bekannt gemacht werden wird.

Nach.

*) Während des Abdruks dieſes Bogens erſchien wirklich dieſe Nachricht unter folgendem Titel: „Erneuertes Gedächtniß des Nürnbergiſchen Wildbades. Von Prof. Will. Peregrinorum deſiderio domeſtica amittimus. Altd. und Nürnb. 1792. in 8.

Nachdem das alte hölzerne Wildbadhaus auf der Schütt *) zwey-hundert Jahre gestanden, hat man es im Jahre 1577. abgebrochen und ein neues von Steinen gebauet, welches 120 Schuhe lang, und 36 Schuhe breit ist **).

Das Wildbad wird jährlich in der Mitte des Maymonats eröfnet. Der gegenwärtige Badmeister ist Hr. Georg Erasmus Bromig, ein ge-schickter Bildhauer.

Von den Tugenden und Kräften desselben handeln verschiedene Schrift-steller. D. J. J. Baier in seiner Oryctographia Norica (Norib. 1718. in 4to nebst seines Sohnes D. Ferdinand Jakob Baiers Supplementis 1757. und 1758. in Fol.) S. 3. f. — Jos. Hiskias Cardilucius in seinem Werke von den heilsamen Arzneykräften des Nürnbergischen Wildbades Nürnb. 1681. in 12mo. — Joh. Pharamund Rhumel in seiner Nymphographia d. i. Kur-zer und gründlicher Beschreibung des heilsamen Wildbades der hochlöbl. Reichsstadt Nürnberg ꝛc. (1632) in 4to.; — Schober in seinen Bemerkun-gen über den ohnweit von hier (zu Puckenhofen) ausfließenden Gesund-brunnen ꝛc. 1709. in 4to.; und endlich D. Joh. Scultet in seiner Rede von diesem Wildbade, die er öffentlich in dem Augustiner-Kloster im J. 1665. gehalten, und im folgenden Jahre in Druck gegeben hat, unter dem Titel: D. Ioh. Sculteti Nürnbergisches Bethesda, 1666. in 12mo.

b   Ein

---

*) Schütt, eine Insel, welche von den zwey Aermen der Pegnitz eingeschlossen, mit ei-nem Springbrunnen versehen und mit hohen Lindenbäumen besetzt ist, und sehr leicht zu einer anständigen und ordentlichen Promenade zweckmäßig könnte angelegt werden, woran es zum wahren Nachtheil der Einwohner einer so großen Stadt, als Nürnberg ist, gänzlich fehlt! —

**) Das im J. 1628 erbaute Fechthaus macht einen eigenen Flügel des Hauses aus, und hat seinen besondern Eingang. Ehemals hielten in dem geräumigen Hofe desselben die Klopffechter ihre Schulen. In den ältern Zeiten wurden auf Bühnen, welche unter freyem Himmel errichtet waren, so genannte Tag-Komödien darinn aufgeführt. In den 60er Jahren spielte die v. Kurzische Gesellschaft in einer in demselben errichteten bretternen Bude; auch Pferdebereuter, Feuerwerker, Seiltänzer ließ-sen darinn ihre Künste sehen. Jetzt haben die Brillenmacher ihre Leute darinn, welche die Gläser schleifen; über diese Leute ist ein eigener Hausmeister gesetzt.

Ein schöner Spruch von dem Wildbad zu Nürnberg vom J. 1581.
steht in Hrn Pred. Waldau Beyträgen zur Geschichte Nürnb. IV. B.
XXVIII. H. 223. f. S.

Es erschien auch im Druck: „Kurze Instruction, wie man das Wildbad recht anstellen und gebrauchen soll.„ Nürnb. 1697. 8.

Zweyter Abschnitt.
Von den Barbierern.

§. I.
Einführung der Barbierer in Teutschland.

Eine aus dem Morgenlande nach Teutschland gebrachte Krankheit und
der unbedeutende Auswuchs der Haare am Kinne, welcher, je nach
dem die Mode war, bald als Zierde beybehalten, bald als überflüßig weg-
geschnitten wurde, gaben zufälligerweise Gelegenheit zu Einführung und
Ausbreitung der Barbierer. Die Barbierer werden in teutschen Urkunden
Scheerer und in lateinischen Rasores oder Barbitonsores genennet.

Die ganze Kunst derselben schränkte sich fast blos auf das Bartschee-
ren und Aderlaßen ein, doch übernahmen sie auch das Geschäfte, Wunden,
Geschwüre, Geschwulste und andere äußerliche Schäden zu heilen, wenn
es ihnen gleich an der nöthigen Kenntnis der Zergliederungskunst fehlte.
Daher mußten sie die eigentlichen chirurgischen Operationen herumziehenden
Landfahrern und Jahrmarktsärzten überlassen.

Die Hauptursache aber, warum die Barbierer so lange unterdrückt
und erniedrigt wurden, muß man vielleicht in den besondern Polizeyverfas-
sungen der damaligen Zeiten aufsuchen, indem man sie nicht einmal als ein
Handwerk gelten laßen wollte.

Die

Die Wenden hatten nemlich seit den ältesten Zeiten die Gewohnheit, das Kinn scheeren und nur den Knebelbart stehen zu lassen. Sie bedienten sich dazu ihrer Leibeigenen, die im Bartabnehmen nicht ungeschickt waren; auch der Adel gebrauchte sie nachher zu dieser Arbeit. Die Handwerker und Zünfte in den Städten aber, welche große Vorrechte erhalten hatten, errichteten unter sich gewisse Gesetze, unter denen eines der vorzüglichsten war, daß ihre Lehrjungen nicht von wendischen Eltern erzeuget und gebohren wären.

Praun in seinem Geschlechterbuch schreibt S. 49. „In den Städten haben gemeiniglich nur lauter freye Leute sizen können, und wurde nicht bald ein leibeigener zu einem Burger aufgenommen, daher das Sprichwort entstanden: „Es fliegt kein Rauchhuhn über die Mauern.„, S. Besold. Thes. pro Voce leibeigen. Wie dann sogar die Handwerksleute lauter freye Leute seyn musten; daher findet man in den Lehrbriefen der Handwerksjungen gemeiniglich die Form, daß der Lehrling kein Wend, Slav, Bader oder Müller sey. Die Ursache ist, daß gleichwie die Wenden, Sklavonier ꝛc. keine Teutsche, sondern von den Teutschen bezwungene und leibeigen gemachte Völker waren, also konnten dieselben keine freye Handwerker lernen, sondern wurden gemeiniglich Müller, Bader und dergleichen.„

Die teutschen Kaiser und die Fürsten des Reichs erkannten zwar bald die Ungerechtigkeit und Härte der Zünfte, mit welcher sie diese Leute behandelten; aber es hielt sehr schwer, diese Vorurtheile auszurotten und den Unfug abzustellen. Einige Fürsten und Bischöfe erlaubten den Söhnen der Barbierer, daß sie in den geistlichen Stand treten und geistliche Bedienungen verwalten durften; einige derselben gelangten sogar zu ansehnlichen Bedienungen in der Kirche. In einer Urkunde vom J. 1339 wird Henselin, des Barbierers Henselins Sohn, als Kapellan Kaisers Ludwig, angeführt. Am meisten waren ihnen die Rechtsgelehrten entgegen, welche die von den Kaisern und den Landesfürsten bestättigten Zunftgesetze, als unverletzbare Gerechtigkeiten ansahen.

Kaiser Wenzeslaus gab zwar im J. 1406. den Badern ein vortreffliches Privilegium, darinn er die Baderprofession allen andern gleich sezte, und den Badern ein eignes Wappen ertheilte. Es war eine blaufarbige knoten-

b 2   weise

weise gebundene Binde im goldenen Felbe, in deren Mitte ein grüner Papagay stand. Weil aber diesen Gnadenbrief die Fürsten und die Stände des Reichs nicht gemeinschaftlich verabredet und bestätiget hatten, auch der Kaiser bereits im J. 1400 des Reichs feyerlich entsezt worden war; so ließen ihn die Zünfte im teutschen Reiche nicht als rechtskräftig gelten. Unter der Regierung Kaisers Karl V. wurde durch den Reichsabschied zu Augsburg 1548. dieser Unfug der Handwerker, worunter auch die Ausschließung der Bader, Barbierer, und andrer gehörte, förmlich verboten. In der 1577. zu Frankfurth publicirten verbesserten Reichspolizeyordnung Tit. 38. §. I. unter der Regierung Kaisers Rudolphs II. wurde dieses Gesez nochmals wiederholet und bestätiget. Die Fürsten und Stände des Reichs nahmen es in die Polizeygeseze ihrer Staaten auf und machten solches ihren Unterthanen bekannt; aber es verfloß ein ganzes Jahrhundert, biß obige Vorurtheile ausgerottet und jene zwar scheinbare, aber unnatürliche Rechtsgründe über den Haufen geworfen wurden.

Als endlich, ohngeachtet alles Widerstandes von Seiten der Handwerker-Innungen, beide Professionen zünftig werden mußten, so wurden ihnen noch zu den Zeiten des Kaisers Matthias Meisterstücke auferlegt, welche aber blos im Scheermesser- und Scheerenschleifen bestunden. Kaiser Leopold erklärte im J. 1686., in einem den Barbirern ertheilten Privilegium, ihre Profession für eine Kunst. Das Scheeren- und Messerschleifen, als Meisterstück, wurde abgeschaft, und an deren Stelle die Verfertigung verschiedener Wundbalsame und das Kochen der Salben und Pflaster eingeführt. S. Herrn D. Möhsens Geschichte der Wissenschaften in der Mark Brandenburg. Berlin. 1781.

§ 2.
Geschichte der Barbierer in Nürnberg.

Im J. 1565. ist die erste Barbierstube auf dem Grunde der abgebrochenen Kapelle am Augustinerkloster gebaut und eröfnet worden.

Im J. 1650 waren 17 Barbirer.

Sie haben 4 Geschworne, welche nebst den Geschwornen der Bader die Schau an Verwundeten verrichten müssen.

Sie

Sie werden, wie die Bader, examinirt, und müssen auch Pflaster und Vnguenta machen, welches Geschäft doch ganz allein zur Pharmazie gehört.

Es sollen ihrer 14 seyn, es sind aber deren gegenwärtig 19. und zwar folgende, deren jeder ein gewisses Symbol hat.

1.) Hr. Friedrich Ludwig Bernhard Chapuset auf dem Neuenbau, die Schwane.

2.) Hr. Jacob Friedrich Crayl am Obstmarkte, den Pfau.

3.) Hr. Christoph Heinrich Gsell, auf dem Geyersberge, einen Kranich.

4.) Hr. Johann Heinrich Hauauer in der Zisselgasse, die Schlange.

5.) Hr. Johann Jacob Hübner, auf dem Steige, den Bock.

6.) Hr. Johann Traugott Friedrich Kästner, in der Spitalgasse, den Drachen.

7.) Hr. Heinrich Andreas Kirchmayer, in Gostenhof, das Lamm.

8.) Hr. Konrad Kleemann in Wöhrd, einen Schweizer.

9.) Hr. Johann Christoph Lauer, auf dem Lauferplaze, den Simson.

10.) Hr. Wolfgang Lauer, auf dem Milchmarkte, den Storch.

11.) Hr. Christoph Jeremias Mangold, im Mehlgäßchen, den Jupiter.

12.) Hr. Herrmann Melchior Mezler, am Fischbuch, den dreyköpfigen Drachen.

13.) Hr. Johann Neyer, an dem Roßmarkte, die Lilie.

14.) Hr. Georg Friedrich Obermüller, in der Kreuzgasse, eine Tafel mit dem Namen.

15.) Hr. Georg Conrad *Petitville* auf dem Plattenmarkt, einen Strauß.

16.) Hr. Georg Thomas Poller, auf dem Neuenbau, ohne Schild oder Symbol.

17.) Hr. Gottfried Samstag bey St. Lorenzen, den Ritter St. Georg.

18.) Hr. Joh. Caspar Theodor Schlumpf, beym weißen Thurme, den Engel.

19.) Hr. Johann Georg Schulz, auf dem Roßmarkte, den Adler.

§ 3.

Von den Badern und Barbierern, als verpflichteten Wundärzten der Stadt Nürnberg, wie auch von dem, zu ihrem Besten errichteten anatomischen Theater.

Von jeher waren die beiden Kollegien der Bader und Barbierer ohne Unterschied als geschworne Chirurgen angeordnet, und werden gemeinschaftlich zu den Schauen genommen. Zu einer ganzen Schau kommen nemlich, außer zweyen Stadtärzten, zwey Bader und drey Barbierer; zu einer halben Schau werden, außer einem Physico Ordinario, zwey Bader und zwey Barbierer gezogen.

Nach dem Zeugnis eines D. Volckert Coyters, welcher im J. 1569 Stadt-Physikus allhier wurde, hatte der Magistrat schon seit zweyhundert Jahren den großen Nuzen anatomischer Uebungen immer anerkannt, und dieselben thätig befördert. Das medizinische Kollegium erhielt von Zeit zu Zeit oberherrlichen Auftrag, dergleichen anatomische Uebungen zum Besten der Bader und Barbierer anzustellen, ihm zum Behuf jener Uebungen nicht nur Cadavera überlassen, sondern auch eigne Zimmer dazu eingeräumt, und sogar zubereiten lassen.

Schon D. Gregorius Queccius hat in den J. 1625 und 1626 in dem Dominikaner-Kloster Demonstrationes anatomicas mit vielem Beyfall gehalten. Im J. 1632 hielt solche in dem Barfüßer-Kloster der berühmte D. Michael Rupprecht Wesler. Im J. 1663. wurden dergleichen von dem ältern D. Joh. Georg Volckamer bey St. Peter, und im J. 1668. wieder bey den Barfüßern vorgenommen; wobey D. Scheurl die Stelle eines Prosectors rühmlichst bekleidete.

Diese Uebungen sind von den angesehensten Personen besuchet, besonders aber zum Nuzen der Chirurgen, der Bader sowohl als der Barbierer, nebst ihren Gesellen, auch zuweilen der Hebammen angestellet worden.

Im lezten Jahre, 1668 nemlich, hat das Collegium Medicum bey einem hochlöblichen Magistrat um einen bestimmten Ort zu einem Theatro Anatomico schriftlich gebeten, und denselben auch wirklich erhalten. In

dem

dem deswegen ausgefertigten Raths-Verlaße wird unter andern der Bewe-
gungsgrund angeführt: „damit sobann den Chirurgis, Barbierern und
Badern, und deren Gesellen, leztern zumal, welche sonst nicht sonderbare
und wenigere Wissenschaft, Erfahrung und Erkenntniß als billig seyn sollte,
von dem menschlichen Körper und dessen Theilen haben, gleichsam ein ofner
Weg gemacht werde ꝛc.„

Dieses Theater wurde in dem Barfüßer-Kloster eingerichtet, und die
beiden vorigen Männer nahmen sogleich in dem folgenden Jahre wieder dergleichen Uebungen vor. Nachdem aber im J. 1671. dieses Barfüßer-Kloster durch eine entstandene Feuersbrunst in die Asche gelegt worden, und
das anatomische Theater mit abgebrannt war; so wurde dem Collegio
Medico auf angebrachte Bitte im J. 1677 von einem hochlöbl. Magistrate
mit Genehmigung des damaligen Kastellans v. Imhof ein geräumiger Ort in
dem Kloster zu St. Katharinen überlassen, welcher überdieß sogleich im J. 1678.
das Cadaver einer sich selbst entleibten Spitälerin dahin liefern ließ. Die Demonstrationes hielt der obige D. Scheurl, und die beiden Stadtärzte-D.
Gruber und D. Eisen versahen die Prosectorsstelle. Daselbst hielt auch im
J. 1684 der ältere D. Volckamer in einem fast siebenzig jährigen Alter noch
einmal Demonstrationen.

Weil hierauf einige Jahre hindurch keine anatomischen Uebungen angestellt worden waren, so ergieng im J. 1697 ein oberherrlicher Verlaß,
„wie etwan öfters als bißher exercitia anatomica zu perfectionirung der in
der Chirurgie nicht genugsam erfahrnen Leute möchten vorgenommen werden.„
Hierauf wurden im J. 1699 wieder Demonstrationes publicae von D.
Bscherer gehalten, dem der jüngere D. Volckamer als Prosector Beystand
leistete.

Solche anatomische Uebungen wurden in dem vorigen und jezigen Jahrhunderte von Zeit zu Zeit angestellt, und beide Arten von Chirurgis ohne
Unterschied wohnten denselben bey. Als der berühmte D. Trew die Be-
schäftigung eines Anatomici Ordinarii übernommen hatte, und sich damals
verschiedene geschickte junge Leute hier befanden, die eine vorzügliche Neigung
zu dem anatomischen Studium zeigten; so wollte er ihnen Gelegenheit verschaffen, sich beständig darinnen zu üben. Um nun einen steten Zufluß zu
erhal-

erhalten, die Unkosten zu bestreiten, so errichtete er eine Societät, welcher das hiesige Theater viele schöne Skelete zu verdanken hat. Bald aber masseten sich die Barbierergesellen an, den Badergesellen den freyen Zutritt zum anatomischen Theater zu erschweren; es entstunden aus diesem Streite allerley Unordnungen und die Folge davon war — das Ende der Societät. Die Barbierergesellen sezten sie zwar unter sich fort, wohl nicht der Uebung, sondern der Einnahme wegen, inden sie mit derselben nach Gefallen umgiengen, wie es ihnen beliebte.

Diesem Unwesen zu steuern, übergab der für Nürnbergs Wohl zu frühzeitig verstorbene D. Johann Conrad Wittwer der hochpreißl. Deputation zu dem Collegio Medico einen weitläufigen Aufsaz, welcher die Aufschrift hat: „Historischer Entwurf der bißherigen hiesigen Anstalten zu einem anatomischen und chirurgischen Unterricht; und wie dieselbigen inskünftige verbessert werden können.„ Da mir dieser durch die Gütigkeit seines Herrn Sohnes im Mscpte zum Gebrauche mitgetheilt worden ist, so habe ich daraus obigen Auszug für meine Leser geliefert, um sie mit der Geschichte des hiesigen anatomischen Theaters bekannter zu machen.

Obiger Aufsaz hatte die Wirkung, daß dessen Verfasser von Obrigkeits wegen den Auftrag erhielt, eine eigene Ordnung, wie es bey Demonstrationibus publicis et priuatis auf dem hiesigen anatomischen Theater gehalten werden soll, abzufassen und sie dem hochlöbl. Magistrate zur Bestätigung vorzulegen. Dieser geschikte Arzt erfüllte diesen hohen Auftrag, ohngeachtet der vielen Arbeiten, die ihm seine starke Praxis verursachte, nach dem patriotischen Eifer, der ihn beseelte, und übergab seinen Aufsaz im J. 1772. Da derselbe mit allgemeinem Beyfall aufgenommen worden ist, so benüzen wir diese Gelegenheit, ihn nebst der beygefügten Bittschrift dem vaterländischen Publikum durch den Abdruk mitzutheilen und dadurch das Andenken an diesen verdienstvollen Arzt zu erneuern. S. die Beylagen A. und B.

§ 4.
Von den Vorgesezten der Bader und Barbierer.

Die Bader und Barbierer sind dermalen noch die einzigen Medizinalpersonen, welche nicht unter der Deputation zum medizinischen Kollegium,

wohin

wohin sie gehören, sondern unter dem — Rugsamte stehen, welches über
die Handwerker gesetzt ist. Schon im J. 1751. suchten — wiewol ver-
gebens — die Barbierer und Wundärzte von dem Handwerksgerichte exmirt
zu werden. Sie übergaben verschiedene Bittschriften bey dem hochlöbl. Magistrate deswegen, und ließen sich von der medizinischen Fakultät zu Halle
ein Responsum ertheilen. Diese Acten sind abgedruckt in folgender Piece:
„Sammlung einiger kleiner Schriften von dem Ursprung und den Schicksa-
sen der Wundarzneykunst und der nothwendig damit verbundenen Zerglied-
rungskunst — — mit Beyfügung eines merkwürdigen Responsi der berühm-
ten Medicinischen Facultät zu Halle über die Frage: Ob die in der kaiserlichen freyen Reichs-Stadt Nürnberg befindlichen Barbierer und Wundärzte unrecht gethan, daß sie sich von gemeinen Handwerkszünften ab-
zusondern suchen, und ob sie nicht eben sowohl als die Apotheker für
Angehörige des Collegii Medici zu halten sind? Nebst einigen dazu ge-
hörigen Beylagen. Erfurt, 1757. In 8vo „*)
Erst noch neuerlich wiederholten die Barbierer den Versuch, von
dem Gerichte der Handwerker befreyt zu werden, und unterstützten ihr Gesuch
mit verschiedenen Gründen, deren Untersuchung wahrscheinlich einen günsti-
gen Erfolg für sie bewirken wird.

§ 5.
Pflichten der Bäder und Barbierer oder Chirurgen.
Der drey- und vier und dreyßigste Articul Barbierer, Bader und
Wundärzt in dieser Stadt betrl.

„Alle Barbierer, Bader und Wundärzt, in dieser Stadt, sollen Ihres Beruffes bey denen Pflichten, die Sie jährlich vor dem Ambt-Buch laisten, mit getreuem Fleiß auswarrten, und sowohl Armen als Reichen (insonderheit der Verwundten), so bey Tag oder Nacht Ihrer Hülf begehren,
mit Verbinden, Aderlassen, und allen dem, was Ihrem Ambt anhängig, alle
mögliche Hülff und Beystand laisten, und Niemanden verkürzen, oder ver-
wahrlosen. Insonderheit aber in gefährlichen Verwundungen jedesmahls bey
guter

*) S. Bibl. Nor. Will, P. I. S. II. n. 1387.

guter Zeit einen verpflichteten Doctorem und die Geschwohrne ihres Hand=
werks zu den Gebänden gebrauchen, alles bey ernster Straf.

Darneben sollen die Barbierer, Baber und Wund=Aerzt sich gänzlich
und bey Straf zehen Gulden enthalten, denen Leuthen einig Purgation, starke
Clystier, oder andere treibende Getränk, die zu der Cur des Menschen inn=
wendig in den Leib gehören, beyzubringen. Insonderheit aber soll Ihnen
bey Iren Pflichten verbotten seyn, die starken und gefährlichen Mineralischen
und Paracelsischen Stück, als Antimonium, Lælanum, Turbit Minerale,
Mercurium præcipitatum, siue aurum uitæ, und dergleichen mehr zu ge=
brauchen. Denn da jemand angebracht werden sollte, der wider solch Gesez
muthwilliger und gefährlicher Weiß gehandelt hätte, derselbe solle nach Ge=
legenheit der Verbrechung auch an Leib gestrafft werden. „

Dritter Abschnitt.

Von den Anstalten zum Besten der Kindbetterinnen.

§ I.

Von den, für Kindbetterinnen angeordneten Personen.

Zum Beystand der Weibspersonen in Kindesnöthen und andern Zufällen
sind vier Klassen angeordnet.

1.) Erbare Frauen, welche meistentheils Wittwen aus den vordern
Ständen der Honoratioren sind. *)

2.) Geschworne Weiber, vom Handwerksstande.

Diese Beyden hatten ehehin die Erlaubniß, in weiblichen Krankheiten
oder bey Kindern Arzneyen zu verordnen und zu geben; jene werden aber
in

*) Jetzt sind es z. E. die verwittibte Frau Diak. Rupprechtin und die Frau Wittwe des Af=
lonchent Häberlein; in ältern Zeiten waren es Frau D. Hammerin und Frau D.
Wegleiterin; auch Wittwen aus dem Patriziate wurden dazu erwählt.

in unsern hellern Zeiten wohl zu nichts mehr gebraucht, als das Kindbetterinnen-Almosen zu vertheilen, und die Ober-Aufsicht zu führen; diese, dem
weiblichen Geschlechte und den Kindern Kinstiere zu geben.

3.) Hebammen, deren jezt 14 sind.

4.) *Accoucheurs*, deren sind gegenwärtig (1792) drey. Sie werden
entweder aus dem Collegium der Barbierer oder der Bader genommen.

Die drey erstern Klassen werden jährlich zur österlichen Zeit *) verpflich-
tet; nur die Akkoucheurs haben noch keine eigene Pflichten! —

Wo die Armuth gar zu groß ist, müssen die Hebammen solches der
Pflegerin des Kindbett-Almosens anzeigen, welche ihnen sodann Geld, Betten, Schmalz u. a. m. darreicht.

Im J. 1652 waren
7 Erbare Frauen.
8 Geschworne Weiber.
20 Hebammen.

Die Namen der Erbarn Frauen, geschwornen Weiber und Hebammen
findet man im J. 1759 zum erstenmal in dem hiesigen Aemterbüchlein
oder Addreßkalender, und zwar S. 151.

2 erbare Frauen.
8 geschworne Frauen.
19 Hebammen.

In dem Addreßkalender von 1791 — 92.

2 erbare Frauen.
7 geschworne Frauen.
14 Hebammen, ohne die 2 in Wöhrd und 2. in Gostenhof.

e 2   § 2.

*) Die Wehemütter oder Hebammen wurden schon in den ältesten Zeiten als sehr
nützliche Mitglieder des Staats geschäzt und geachtet. Daher wurden sie von jeher, wie
noch heutiges Tages, jährlich um die österliche Zeit in die Rathsstube geführet, daselbst
bey dem Amtbuche auf das Neue in Pflicht genommen, und sodann mit Wein, Brod,
Lebkuchen u. s. w. bewirthet. In dem Jahre 1755 wurden sie von der Deputation zum
Amtbuch erinnert, und der Deputation zum Collegio Medico untergeordnet.

§ 2.

Von der Verpflichtung der erbarn Frauen.

Die Erbarn Frauen haben keine Pflicht, sondern wenn eine Oberherr= lich ernennet wird, so geschiehet die Anrede bey denen im vordern Stande durch denjenigen Burgermeister, welcher im selbigen Jahre bey dem Amt= buche gesessen; bey denen vom andern Stande aber durch den verordneten Augtamtssekretair.

Besagte Anrede bestehet hauptsächlich darinn: „Nachdem ein Hoch= edler Rath für gut befunden, anstatt der abgegangenen Erbarn Frau wieder eine andre zu verordnen und an deren Statt zu sezen; als wäre Sie vor andern vorgeschlagenen hierzu ernennet und zugleich befohlen worden, im Na= men eines Hochedlen Raths ihr solches, wie hiermit beschehe, zu hinterbrin= gen, mit dem Ersuchen, Sie möchte die Mühe auf sich nehmen, in zutra= genden Fällen den gebährenden Weibern mit Ihrem Rath und Gutachten gutwillig und behülflich zu erscheinen, und den geschwornen Weibern, wie auch den Hebammen und deren Mägden, wenn sie sich wider ihre Pflicht aufführ= ren und bezeigen sollten, deßwegen Erinnerung zu thun. Welche auf sich nehmende Bemühung Hochedelgedachter Rath von gemeiner Stadt und Bur= gerschaft wegen in obrigkeitlichen Gunsten wieder zu erkennen willig und ge= neigt wäre.„

Auf solche Weise werden auch die Erbarn Frauen, wann sie jährlich der geschwornen Weiber und der Hebammen Pflicht beyzuwohnen durch des Marktmeisters Weib ersucht werden, bey ihrer Vorlassung angesprochen, mit dem angeführten fernern Ersuchen, daß sie auf künftiges Jahr nach ihrem Vermögen hierinnen das Beste thun wollten.

Worauf auch die geschwornen Weiber, dann die Hebammen und ihre Mägde vorgelassen und selbigen ihre Pflichten in der Erbarn Frauen Gegen= wart vorgelesen werden, in welch erstern Pflichten sich befindet, daß, wenn die Sachen bey den Gebährenden sich sorglich erzeigen wollen, sie Geschwor= ne etliche aus den Erbarn Frauen hierzu erfordern, und derselben Rath und Gutdünken einnehmen und gebrauchen sollen. In der geschwornen Weiber Pflichten ist auch dieses enthalten, daß den verständigen Erbarn Matronen und

und geschwornen Weibern unverbotten seyn soll, den Kreißerinnen, Kindbetterinnen und Kindern ein oder anderes unschädliches Mittel aus der Apo-
theke holen zu lassen, oder im Nothfall aus ihrem bey sich habenden Kästlein
zu nehmen, welche Sachen aber, sonderlich was Composita sind, als Mark-
grafen-Pulver ꝛc. sie nicht selbst präpariren und destilliren, sondern selbige,
soviel sie vonnöthen, in den Apotheken füllen, auch keine Vomitiua, Purgationes,
Klystiere und Aderlaß verordnen oder selbigen beywohnen, noch über ihre un-
zuläßige Waaren Auszüge *) verfertigen, sondern in allem diesem die
Patienten auf die Medicos verweisen sollen.

In der Hebammen-Pflicht ist gleichfalls enthalten, daß, wenn sich die
Sach bey den Gebährenden etwas gefährlich wollte erzeigen, daß sie vor-
derlich der Erbarn Frauen eine oder mehrere darzu beruffen und mit deren
Rath die Nothdurft handeln sollen; daß auch keine Amme ohne Vorwissen
der Erbarn Frauen eine LehrMagd annehme.

Ingleichen ist den Erbarn Frauen heimgestellt, unter den Hebammen
einen Ausschuß zu machen, und denen, die am meisten zu thun haben, die
Haltung der Lehrmägde aufzulegen.

Wenn eine Amme eine Magd annimmt, so soll sie solche bey einer der
Erbarn Frauen vorstellen, damit man sehen möge, ob sie zu solchem Werk
tüchtig sey.

Es sollen alle Ammen-Mägde bey den Erbarn Frauen eingeschrieben
werden, damit man wissen könne, wann ihre Lehrzeit an- und ausgehe, und
die Erbarn Frauen auf meiner Herren Erfordern desto bessern Bericht zu geben wissen.

Wenn eine AmmenMagd ausgelernt, soll sie nicht selbsten Täfelein an
ihr Hauß oder Wohnung machen, sondern sich vorher nebst ihrer Frau vor
den Erbarn Frauen stellen, damit man sie examiniren und erkennen könne,
was sie gelernet habe, und ob sie für eine Amme bestehe. Den 2 May 1720.

Aus dem Innhalt dieser Verpflichtung erhellet, daß sie größtentheils
unsern Zeiten gar nicht mehr angemessen sey, und die alte Weiber-Pfuscherey
eher begünstige, als hindere. Es ist zu wünschen, daß die Fakel der Aufklärung auch diesen Gegenstand, der einen so wichtigen Theil des Volks-

wohls

*) Auszüge d. i. Verzeichniße mit Preissen.

wohls betrift, bald beleuchten möge! Wie viele ungerügte Morde mögen nicht in einer so großen Stadt, als Nürnberg ist, durch medizinische Weiberpfuscherey in einem einzigen Jahre geschehen!! Wer Menschenwohl und Menschenleben und Menschenwerth *) gehörig zu schäzen weiß, und wer einige Bekanntschaft mit dem Zustande der untersten Volksklassen hat, dem blutet oft das Herz, wenn er da alte Basen, geschworne Weiber, Wasserbrennerinnen und andere Pfuscherinnen, deren Zahl legion ist, rathen und handeln siehet und höret, wo selbst der erfahrenste Arzt alle seine theoretische und praktische Kenntniß zur Hülfe aufbieten würde.

§ 3.
Ordnung und Gesez für die Hebammen.
(Nach den Jahren geordnet.)

A. 1646.

Ist den Hebammen anbefohlen worden, nicht nur die ledigen Unzüchtigen Dirnen, sondern auch die Ehefrauen, so zu früh ins Kindbett kommen, gebührlich anzuzeigen, deßgleichen auch den Herren Geistlichen beeder Pfarren aufgetragen worden, wenn sie jenen Weibern Kinder taufen, vorher in Ehebüchern nachzusehen, wann sie Hochzeit gehabt haben.

Auf der Erbarn Frauen, Geschwornen Weiber und sämmtlichen Hebammen geführte Beschwerung aber ist solches Gebot wieder aufgehebt, gegen die Herren Geistlichen aber beharret, und der Hebammen Pflicht dabey verbessert worden, daß, wenn Mißgeburten auf die Welt gebracht werden, solches jedesmals den Erbarn Frauen anzuzeigen und nicht zu vertuschen.

Daß die Hebammen zu Lehr-Mägden Wittwen und keine unverheurathete Personen annehmen, und dann schuldig seyn sollen, wenn der Hebammen

men

*) Dank sey den großen und aufgeklärten Männern unsers Jahrhunderts, daß man richtigere und wahrere Begriffe von dem Werthe des Menschen hat; daß man anfängt, die Gewohnheit der Großen, Menschen wie das Vieh zu verkaufen und zu erhandeln, als den höchsten Grad des Despotismus zu verabscheuen; und daß man allmälig aufhört, den Werth eines Menschen bloß nach Geburt und Adel und Stern und Band zu bestimmen. Gottlob! die Zeiten sind vorbey, da man, wie ehemals geschah, gefangene Türken als eine Handelswaare nach Nürnberg brachte, und das Stük für achtzehn Gulden, wie ich in einer geschriebenen Chronik las, verkaufte.

men eine ſin E. Wohledlen Raths Gebiet begehrt würde, ſich dahin unver-
weigerlich zu begeben.

A. 1647.

Beſchweren ſich die Seelweiber *) über die Hebammen, daß ſie ihnen mit Hinaustragung der getauften und hernach verſtorbenen Kinder
Eintrag thun. Es iſt aber kein oberh. Verlaß darauf zu finden.

A. 1660.

Den ſämmtlichen Hebammen iſt bey hoher Straff verbotten worden,
kein Kind mehr weder in den teutſchen Hof zu tragen, noch daſelbſt taufen zu laſſen.

A. 1670.

Den ſämmtlichen Heb-Ammen iſt angezeigt worden, diejenigen Kinder, ſo ſie jach getauft und vor ihrem Abſterben von keinem Geiſtlichen ein-
geſegnet worden, in einem der beeden Pfarrhöfen den Herren Schaffern anzuzeigen, damit ſelbige als getaufte Chriſten in die Taufbücher ordentlich
eingezeichnet werden.

A. 1686.

Demnach bey jüngſtgehaltener fünften und lezten Seſſion am Amtbuch
dem Herkommen nach die Erbarn Frauen befragt worden, ob ſie nichts wider die geſchwornen Weiber und Hebammen beſchwerend anzubringen haben?
haben ſelbige vermeldet: ſie wüſten zwar nichts ſonderliches, außer daß ſelbige bey dem Pflichtleiſten ſich nicht fleiſſig einſtellten und die meiſten mit dem
Habit, den ſie nicht bekommen könnten, entſchuldigen thäten. Nun mü-
ſten ſie bekennen, daß der bißher gewöhnliche Habit der Stäuchlein und ge-
faltenen Mäntel allhie nicht wohl zu bekommen ſey, und die Bauersleut,
bey denen dergleichen noch etwa zu finden, ſolchen auch nicht gerne herleyhen
thäten, und dannenhero ſelbſt gebetten haben wollten, den Geſchwornen und
Hebammen die Erlaubniß zu geben, daß ſie künftighin ein gewöhnliches kur-

des

---

*) f. Würfels Nachr. II. 7. S. 728. Seelweiber, Seelfrauen, Todtenweiber
ſind Eheweiber oder Wittwen (ledige Weibsperſonen werden nicht angenommen), welche die Leichname waſchen und in den Sarg legen müſſen. Sie beſorgen zugleich alles,
was in den obrigkeitlichen Leichenverordnungen vorgeſchrieben iſt. Es ſind deren acht.

ses Mäntelein, und Hauben, oder, wie sie zu Gottes Tisch gehen, bey dem Gehorsam erscheinen möchten.

A. 1715.

Ist befohlen worden, dahin bedacht zu seyn, wie von einem experimentirten Doctore Med. für die Erbarn Frauen und Ammenweiber in teutscher Sprach ein Collegium gehalten, und sie in den nöthigsten Puncten ihrer Wissenschaft theoretice informiret werden mögen.

A. 1717.

Ist den sämmtlichen Ammen auferlegt worden, daß jede quartaliter eine Verzeichnung aller Kinder, so sie gehebt, den Erbarn Frauen übergeben, und dabey überall bemerken sollen, welche todt oder lebendig gebohren sind. Die Erbaren Frauen und Geschwornen Weiber aber sind angewiesen worden, wenn bey der Geburt sich etwas besonders ereignet, solches bald anzuzeigen. Denen zugleich erkläret worden, was für Abgänglein zu halten seyen; wobey den Ammen gesagt worden, daß die Todtengraber künftig keine Schachtel noch Trühlein bey neugebohrnen Kindlein ohne Eröfnung in das Grab bringen werden, und daß sie den Erbaren Frauen und Geschwornen Weibern den schuldigen Respect geben sollen.

A. 1718.

Der Erb. Fr. zu Regensburg anhero gethanes Ansprach-Schreiben, wie es mit den sogenannten, den Hebammen vorgesezten Erb. und Geschwornen Frauen gehalten werde, und was dieselben für ein Beneficium zu genießen hätten, ist dahin beantwortet worden, daß die Erbaren Frauen als Matronen aus den 2 vordersten Ständen von E. Hochedlen Raths wegen den gebährenden Frauen in ihren Nöthen beyzustehen ersucht werden, welche auch die Inspection über die Geschwornen Weiber haben: übrigens hätten die erstern kein Beneficium; die Geschwornen Frauen aber 12 fl. jährlich bey ihrem Pflichtleisten zu genießen.

A. 1719.

Den Hebammen-Pflichten ist beyzubringen, befohlen worden, daß sie der Kinder Nachtaufen jedesmahl in den Pfarrhöfen anzeigen sollen.

Die neueste Hebammenordnung ist vom 11 April 1755. und im Quartformat gedruckt. S. Bibl. Nor. Will. P. I. S. II. pag. 196.

§. 4.

Stiftung für arme Kindbetterinnen, die kein Bett haben.

In wenigen Städten Teutschlands wird man eine solche Polizey-Anstalt antreffen, wie die Verpflegung der armen Kindbetterinnen ist. Wenigstens wird gewiß keine von dem Alter, wie diese ehrwürdige Versorgung ist, angeführet werden können. Nach allen Spuhren, die man entdeckt hat, hat sie schon in dem XIV. Jahrhunderte ihren Anfang genommen.

In der Beylage C. liefern wir eine noch ungedruckte Verschreibung der Stadt Nürnberg, wegen 15 fl. ewigen Geld, woraus wir ersehen, daß die Verpflegung der armen Kindbetterinnen schon im J. 1461. im völligen Gange war.

Dieses Almosen wurde nach und nach durch mehrere Stiftungen und Zuflüße vermehret. Wir wollen nur folgende Beyspiele anführen.

Ulrich Kreß, ein Pfeilschmied, hat 50 fl. ewiges Geld gestiftet für arme Kindbetterinnen, deren Männer Burger zu Nürnberg sind, und sonst kein Almosen haben, sondern vor der Kirche, wenn man ihnen nicht zu Hülfe käme, liegen müsten, wie damals gebräuchlich gewesen. S. Müllners Annalen ad A. 1495.

Im J. 1565. im M. Julius verkauften die Ehrenvesten Herren Jacob Muffel und Gabriel Nützel, als dieser Zeit oberste Pfleger der Findel, aus

f

der

der Barfüßer Kirche das steinerne Portal, dem Gilg Ayrer, Burger alhier in Nürnberg, um eine Summe Geldes, geschah darum, damit die Kirche erweitert würde. Solches Geld kam den armen Kindbetterinnen zum Besten. Aus einer geschriebenen Chronik.

Zu Anfang dieses Jahrhunderts waren der Betten 10, welche eine im Nonnengäßchen wohnende Frau verwaltete.

Jedes Bette besteht in einem Unterbette, einem Polster, Küß und Matrazze.

Von Michaelis bis Walburgis bekommt eine solche Kindbetterin 1 ℔. Schmalz, und ausserdem 30 Kr., wovon 20 Kr. der Amme gehören.

Das Kindbetterinnen-Almosen hat eine der Erbarn Frauen (jetzt Frau Pfarrerin Rupprecht) auszutheilen.

In Kraft dieser Veranstaltung, haben die Hebammen die Verbindlichkeit, den Nothstand armer Kindbetterinnen, der sogenannten vordersten Erbarn Frau, augenblicklich anzuzeigen, welche sich von dem, was nöthig ist, persönlich überzeuget, und für alle erforderliche Bedürfnisse der Mutter und des Kindes, auch für Arzt und Arzneyen sorgt. Ihr liegt auch ob, die Kindbetterinn öfters selbst zu besuchen, sich mit ihrem Befinden bekannt zu machen, und nach solchem die Speisen zu besorgen. Ueber diese Auslagen legt sie alle Jahre der Losungstube Rechnung ab, und sie erhält von derselben ihren Ersatz. *)

*) S. Vaterl. Blätter. S. 222.

A.

Eines Hochlöblichen Raths der des heil. R. Reichs Stadt Nürnberg gesetzte Ordnung, wie es bey Demonstrationibus publicis et privatis auf dem hiesigen Theatro Anatomico soll gehalten werden.
(Gegeben im Jahre 1773.)

Es hat Ein Hochlöblicher Magistrat der des heil. R. Reichs Stadt Nürnberg schon bey 200. Jahren den vortreflichen Nutzen der Anatomischen Anstalten eingesehen; und hat dahero, um vielen Personen, welche den künstlichen Bau des menschlichen Körpers kennen zu lernen Lust haben, besonders denen, welchen diese Kenntniß unumgänglich nöthig ist, Gelegenheit dazu zu verschaffen, denen hiesigen Doctoribus Medicinæ zu dergleichen Unternehmungen, nicht nur zum öftern Cadavera überlassen, ihnen eigene Zimmer dazu eingeräumt und bequem einrichten lassen, sondern so gar das Collegium Medicum erinnert, dergleichen Uebungen öfters vorzunehmen.

Nun sind auf dem dermaligen Theatro anatomico in dem St. Catharina Kloster, welches 1677. dem Collegio Medico überlassen, und 1723. mit vielen Kosten verneuert wurde, viele dergleichen Anatomien gehalten worden.

Da aber, bey der seit verschiedenen Jahren gemachten Einrichtung, einige Hindernisse denen, welche die anatomische Kenntniß so nöthig als die andern haben, sich solcher Uebungen auf gleiche Art nützlich zu machen, in Weg geleget worden; so hat man folgende Ordnung, wie es soll ins künftige bey anatomischen Demonstrationibus gehalten werden, entworfen. Diese wird nun hiemit Oberherrlich bestätiget, mit dem ernstlichen Erinnern, solcher genau nachzukommen, um unausbleiblichen Ahndungen und Bestrafungen zu entgehen.

I.

Wird das Theatrum anatomicum von Einem Hochlöblichen Magistrat dem Collegio Medico ferner überlassen, sich dessen zu anatomischen Uebungen zu jeder Zeit zu bedienen. Damit aber zur Erhaltung guter Ordnung und Abwendung alles Schadens und Nachtheils gehörige Obsicht gepflogen werde, so soll ein jedesmaliger Decanus Collegii Medici als Director Theatri anatomici bestellt seyn,

wel-

welcher in der Cista medica ein Inventarium von dem, was daselbst verwahrt wird, es seyen instrumenta, sceleta oder præparata, liegen haben soll.

2.

Das Collegium Medicum hat einen aus seinen Mitgliedern zum Anatomico ordinario zu erwählen, welcher die Cadavera, die von Magistrats wegen auf das Theater geliefert werden, vefoevers zum Nutzen der hiesigen Chirurgorum, der Barbierer und Bader nebst ihren Gesellen und Jungen, anzuwenden hat. Diesem sollen auch andere todte Körper aus dem hiesigen Zucht-und Werkhaus, wenn er darum ansucht, überlassen werden; und will er solche nur daselbst eröfnen, und kann er einen oder den andern Theil davon nutzen, so soll ihm auch dieses zugestanden seyn.

3.

Dabey ist aber keinem andern Doctori Collegiato die Gelegenheit benommen, um ein Cadaver anzusuchen, und solches auf dem Theatro anatomico zu präpariren oder zu demonstriren. Vielmehr wird es angerathen, daß mehrere ihre anatomische Geschicklichkeit zeigen möchten.

4.

Da die Schlüssel zum Theatro anatomico eigentlich in das Wohllöbliche Spitalamt gehören, werden solche dennoch dem Decano und Anatomico überlassen. Jedoch soll jeder hiesiger Physikus, der einen Cadaver erhalten, bey des Herrn Castellans Wohlgebohrnen Herrlichkeit um Eröfnung des Theatri ansuchen; welches auch jährlich der Anatomicus zu thun hat.

5.

Dem Anatomico wird vom Decano das Theatrum nebst dem Inventario von allem, was daselbst verwahrt wird, zu dessen Nutzen und Besorgung übergeben. Auch wird diesem der Fiscus, der zur Bestreitung der Unkosten angeleget ist, überlassen; davon er aber eine Specification der Ein- und Ausgaben jedem Decano nach seiner An- und vor seiner Abtrettung dieses Amts zu übergeben hat.

6.

Da vorzüglich denen Chirurgis die Erlernung der Anatomie nöthig ist, so wird auch der Anatomicus trachten, denenselben Demonstrationes

priva-

privatas öfters zu halten. Er wird dahero allezeit, wenn ein Cadaver auf das Theater soll gebracht werden, denen Altgesellen derer Barbierer und Bader davon Nachricht geben, solches zu übernehmen und die Zubereitung zur Anatomie zu machen. Zugleich wird, als zweyen separaten corporibus, jedem eine Scheda gegeben, darauf er seine Willens-Meinung erklärt, worauf alle diejenigen von jedem Mittel ihre Namen eigenhändig schreiben sollen, welche die Demonstrationes zu besuchen Lust haben. Von einem jeden dieser unterschriebenen sollen sie zur Bestreitung der Unkosten 30 Kreutzer einsammlen, und wenn sie es beysammen haben, dem Anatomico zustellen: sie aber sollen für ihre Bemühung dieses Bey-trags befreyt seyn. Dafür werden sie mit Obsicht halten, daß alles ordentlich zugehe, und dem Anatomico hülfreiche Hand leisten.

7.

Da der Anatomicus zum voraus nicht weiß, wie viele Demonstrationes er halten kann; so wird er nach Endigung derselben denen Altgesellen andeuten, ob und was ein jeder nachzuzahlen hat. Und wenn letzteres nöthig ist, so haben diese solches von den andern zu colligiren, und dem Anatomico einzuhändigen.

8.

Da es denen hiesigen Barbierern und Badern selbst zur Wiederholung sehr nütz-lich seyn wird, dergleichen Demonstrationes zu besuchen, so können sie freyen Zutritt haben. Doch verspricht man sich von ihnen, daß sie zur Bestreitung der Unkosten einen jährlichen Beytrag freywillig thun werden: zumal man ihren Lehr-jungen einen freyen Zutritt verstattet. Auch werden sie ihre Gesellen selbst anhal-ten, die Anatomie fleißig zu besuchen, indem sie ja selbst Nutzen und Ehre da-von haben, wenn ihre Subjecta immer geschickter werden.

9.

Sollten sich andere Personen finden, die dergleichen Demonstrationes besu-chen wollen, so müssen sie entweder vom Anatomico besondere Erlaubniß dazu bekommen, oder sich bey den Barbierern oder Badern mit unterschreiben. Denn ausserdem wird niemand zugelassen. Es muß sich also einer, der dieses nicht thun will, und doch kommt, gefallen lassen, wenn er weggewiesen wird.

10.

Kommt eine Weibsperson auf das Theater, so soll der Anatomicus denen Hebammen ein paar Lectiones allein halten, und ihnen die Theile, die den Weibspersonen besonders eigen sind, in und ausser ihrer Lage zeigen und erklären. Wobey niemand als Accoucheurs, die ihm wechselsweise beystehen sollen, und höchstens ein Altgesell zugelassen wird.

11.

Da es mit diesen anatomischen Uebungen die einzige Absicht hat, vorzüglich denen, welche die Chirurgie ausüben wollen, den menschlichen Körper genau kennen zu lehren, und diese Kenntniß dem Bader so nöthig als dem Barbierer ist, weil sie beyde als Chirurgen stehen; so kann bey denenselben kein Vorzug statt haben. Sie sollen also beyde gleichen Zutritt bekommen, dabey aber separata corpora bleiben, und ein jedes besonders dieser Ordnung nachleben, ohne eines von dem andern abzuhängen.

12.

Deswegen sollen beyde allen Haß, Neid und Feindschaft gegen einander ablegen, und gedenken, daß sie hier an einem öffentlichen Orte und in einerley Absicht, den bewundernswürdigen Bau des menschlichen Körpers kennen zu lernen, versammlet sind, wo Friede, Ruhe, Ordnung und Stille herrschen muß. Wer also in dergleichen Demonstrationes gehen will, muß vorzüglich diesem nachkommen; denn diejenigen, die darwider zu handeln sich anmaßen würden, sollen des Zutritts ganz verlustig seyn; auch muß an gehöriger Instanz angezeigt werden, um ihren Frevel nach Rechten zu bestraffen.

13.

Da zum Präpariren der Anatomicus Stille und Raum nöthig hat, so kann darzu niemand zugelassen werden, als den derselbe nach seiner Fähigkeit und Lust auswählt; er sey Barbierer oder Bader, Herr oder Gesell. Woraus er auch einen zum Prosektor, wenn er ihn geschickt dazu findet, ernennen kann, wenn anders kein College selbst diese Stelle versehen will. Diejenigen aber, welche diesen Zutritt bekommen, werden alles willig verrichten, was zum Nutzen und zur Bequemlichkeit des Anatomici gereicht; zumal da zu den geringen Verrichtungen von des Herrn Castellans Wohlgebohrnen Herrlichkeit dem Anatomico ein Spitäler

als

als Famulus um einen geringen Taglohn überlassen wird. Dafür aber sollen sie von Haut, Fett, den demonstrirten præparatis und sogar von Knochen haben, was der Anatomicus nicht selbst aufbehalten will.

14.

So werden auch die Altgesellen, oder diejenigen, die der Präparation beywohnen, das Theatrum zur Demonstration zubereiten, das Cadaver in dasselbe tragen, und ein Paar davon dem Demonstratori zur Hand seyn, zu leuchten, Messer, Schwamm, oder was er nöthig hat, zu reichen. Die andern aber sollen sich, ohne Unterschied, in die obern Reihen rangiren. Denn da man bey dergleichen Versammlung niemals auf den Rang sieht, einen gewissen Platz einzunehmen, so soll es auch hier geschehen; nur daß die nächste Reihe um den anatomischen Tisch denen Herren, oder fremden angesehenen Personen, wenn einige kommen, eingeräumt wird. Den Lehrjungen aber gebührt, hinter denen Gesellen zu stehen.

15.

Nach Endigung einer jeden Demonstration sollen die nämlichen wieder alles in Ordnung bringen, das Cadaver verwahren, die Instrumenta reinigen, und dergleichen mehr, und besonders darauf sehen, daß von dem Famulo alles Nöthige, zumal das Auslöschen des Feuers und der Lichter, sorgfältigst geschehe. Und so sollen sie auch zur Begräbniß des Ueberbleibsels von Körper Beystand leisten.

16.

Gefiele es dem Anatomico, ein Cadaver zum Nutzen der Chirurgie anzuwenden und Operationes daran zu machen, so soll es dabey in allem auf die vorige Art gehalten werden; und jede Person soll ihren gleichen Beytrag, so viel der Demonstrator verlangt, bezahlen. Sollte ein Chirurgus den Titel eines Operateurs suchen, so soll derselbe auf dem Theatro einen Cursum operationum unter Direction des Anatomici machen.

17.

Wollte der Anatomicus eine Demonstrationem publicam halten, da jedermann auch in einzelne Lectiones den Zutritt bekommt, so soll die Schüssel gestellt werden, und jede Person beym Eintritt wenigstens 6 Kreuzer jedesmal bezahlen, worauf allezeit einer von den Barbierer- und Badergesellen zu sehen hat,

und

und er soll das gefallene Geld dem Anatomico beym Beschluß jeder Lection einhändigen, zur Erleichterung der Ausgaben und Vermehrung des Fisci. Ausserdem soll es, wie bey Privatdemonstrationen gehalten werden, daß die Barbier- und Badergesellen ihre Namen, die es mithalten wollen, auf die ihnen von dem Anatomico zugeschickte Schedam aufschreiben, und den verlangten Beytrag den Altgesellen zustellen. Nach Endigung einer solchen Anatomie werden sie von diesen erfahren, ob und was sie nachzuzahlen haben: welches sie alsdann willigst und dankbarlichst abstatten werden.

18.

Will der Anatomicus ihnen ausserdem Monatweis physiologische oder andere Lectiones in gewissen Stunden halten, so soll es auf gleiche Art geschehen, daß beyde Corpora ihre Namen auf die mitgetheilte Schedam schreiben, und monatlich das von dem Anatomico verlangte Honorarium ihren Altgesellen zustellen; damit diese solches zu rechter Zeit dem Anatomico einhändigen können. (Die diese Privatlectiones besuchen, sollen den Vortheil haben, daß sie bey Nachzahlung für die Demonstrationes mit der Hälfte des ausgeschlagenen durchkommen sollen.)

19.

Wann der Anatomicus nöthig findet, denen præparatis nachzusehen und aufzufüllen, oder die sceleta von Staub zu reinigen, und was schadhaft ist oder mangelt, zu verbessern oder zu ersetzen; sollen die Altgesellen beyder Mittel ihm hülfreiche Hand leisten, und Geld soll dazu aus dem Fisco genommen werden.

20.

Wann Fremde oder hiesige Personen das Theatrum zu sehen Lust haben, so sollen die Altgesellen dem Anatomico davon Nachricht geben, welcher, wenn es die Zeit leidet, selbst mitgehen wird. Wenn er aber nicht Zeit hat, so wird er ihnen die Schlüssel zwar zustellen, aber mit dem Beding, solche bey Zeiten nebst dem, was an Trankgeld gefallen, redlich zurückbringen, um es dem Fisco beyzulegen.

21.

Damit dieser Fiscus zu den nöthigen Ausgaben hinreichen möge, so wird dieses nützliche Institut der Generosität hoher Patronen und Gönner bestens empfohlen.

Einige

Einige besondere Gesetze, welche noch zu beobachten sind.

1.

Da dem Collegio Medico das Theatrum anatomicum zur Obsicht überlassen worden, so wird von einem jeden, der die Anatomie frequentiren will, gefodert, daß er sich hüte, nichts zu schulden kommen zu laffen, wodurch Schaden oder Nachtheil, oder Beschwerung entstehen könnte.

2.

Besonders müssen die Gesellen der hiesigen Barbierer und Bader mit Feuer und Licht sorgfältig umgehen, und mit keinem brennenden Lichte ohne Laterne aus einem Zimmer in das andere gehen. Da durch das Tobakrauchen öfters Feuer ausgekommen, so soll solches überhaupt verbotten seyn; es sey denn, daß der Anatomicus solches in dem Präparir-Stübgen, wegen des Cadaverösen Geruchs und beym Auswaschen der Gedärme, auch etwan bey einer Arbeit in der Küche erlaube, aber niemals mit Pfeifen ohne Deckelchen; und da soll immer einer dabey seyn, und Obacht geben.

4.

In der Nachbarschaft, es sey in Gärten oder Bewohnungen, soll nichts abgebrochen, verdorben, oder weggetragen werden: es sey von Blumen, Bäumen, Holz, Hausgeräthe und dergl. bey Verlust des Zutritts zur Anatomie und andern Bestraffungen.

4.

Zur bestimmten Stunde der Demonstration sollen alle durch den ordentlichen Eingang in die Anatomie, und nicht durch den Garten der Fr. Geh. R. Trewin geben. Ist es noch nicht offen, so sollen sie warten, bis geöfnet wird. Dann sollen sie sich vor dem Theatro versamlen, und nicht in das Präparir-Stübgen gehen, weil vielleicht der Anatomicus noch nicht fertig ist, folglich gehindert würde, indem mit dem Schlag das Theatrum wird aufgeschlossen werden. Auch sollen alle andere, auffer die dem Anatomico zur Hand sind, wenn die Demonstration ein Ende hat, ohne sich aufzuhalten, wieder den ordentlichen Weg still und ruhig nach Hauffe gehen.

5.

5.

Da der Famulus zu den geringen Verrichtungen dem Anatomico zu Diensten ist, so sollen die Gesellen ihm weder Verrichtungen zumuthen, noch ihm scherzhaft oder grob begegnen, noch weniger für sie wegschicken.

6.

Der Famulus soll alles, was ihm von dem Anatomico befohlen wird, sorgfältig beobachten und verrichten; besonders bey dem Anzünden und Auslöschen der Lichter und des Feuers achtsamst verfahren, und ohne dessen Vorwissen und Erlaubniß nicht weggeben. Was durch ihn geholt wird, soll er genau behandeln, redlich anzeigen, und richtig, wann er das Geld vom Anatomico erhalten, bezahlen. Dafür soll er seinen bestimmten Lohn und die alten Kleider von Cadavern bekommen. Gegen die Zuhörer soll er höflich und bescheiden seyn; gute Obsicht halten, daß nichts wegkomme oder fortgetragen werde, und ja nicht Tobak, ausser mit Genehmigung des Anatomici mit geschloßner Pfeiffe rauchen.

7.

Zuletzt werden die Zuhörer ihren Lehrer, als gesittete Leute, durch Höflichkeit und Dankbarkeit aufmuntern, seine Bemühung mit Vergnügen zu verrichten.

B.

B.

An Einen Hochlöbl. Magistrat schuldige Berichts-Erstattung des Dec. et Coll. Med. nebst unterthänig gehorf. Ueberreichung eines Regulativs; wie es insfünftige bey demonstr. anatom. gehalten werden könnte.

Hochwohlgebohrne und Hochweise Herren,
Hochgebietende Gnädige Herren!

Daß der von dermaligem Decano übergebene Entwurf der bisherigen hiesigen Anatomischen Anstalten und wie sie könnten verbessert werden, mit Oberherrlichem Wohlgefallen ist aufgenommen worden, erkennet das Collegium Medicum mit untertbänigem Dank, und erfreuet sich herzlich, daß endlich der wunderliche Streit der Barbierer und Bader der Anatomischen Uebungen wegen durch den ergangenen Macht-Spruch ist beygeleget worden; dabey ist nur zu wünschen, daß die Bar-biergesellen sich endlich fügen und ihr eignes Bestes bald bedenken lernen möchten. Hiemit wird also dem gnädig ertheilten Auftrag gemäß ein förmliches Regulativ Ew. Hochwohlgebohrnen Herrlichkeiten vom Collegio Medico überreicht, wie diese Anatomische Beschäftigungen insfünftige eingerichtet werden könnten, daß beyde Chirurgi, Barbierer und Bader, gleiches gnädigst zugestandenes Recht bey Demonstrationibus zu genießen hätten. Wir überlassen solches zur hochgefälligen Aenderung und Verbesserung; besonders aber da Gesetze ohne unausbleibliche Strafen wenig Nutzen bringen, einem oder dem andern Satze die Art und Größe der Strafe gegen die Uebertreter ohnzielsetzlich anzuhängen; erbitten uns alsdenn eine Oberherrliche Confirmation dieser Ordnung, und zweifeln nicht, daß dieses Institut nicht mit der Zeit für Stadt und Land einen ersprießlichen Nutzen bringen werde. Da aber dergleichen Anatomische Anstalten stets Geld erfordern, zumal dermalen fast alles nothwendige Geräth auf dem Theatro eingegangen ist; von den Barbierer- und Badergesellen aber gar wenig wegen ihrer geringen Einnahmen gefodert werden kan, und jene sich gar noch nicht einmal nach dem ertheilten Oberherrlichen Raths Verlaß fügen wollen, folglich zur Zeit eine öffentliche De-

monstra-

monstration zu halten, gar nicht daran zu gedenken ist; so wird Einem Hochlöbl. Magistrat dieses gewiß höchstnöthige Institut zur Unterstützung und Protection bestens empfohlen, besonders um uns geschickte Chirurgos nachzuziehen. Die Bader sind zwar bereitwillig, wenn es verlangt wird, ad Fiscum 25. bis 50 fl. zu bezahlen; welches aber kaum zureichen wird, das nothwendige, so abgeht, anzuschaffen. Da aber öfters Spiritus zur Nachfüllung der praeparaten nöthig ist; ein völliger Mangel an Instrumenten sich findet; Holz, Licht, Wachsstöcke 2c. ins Geld laufen; der Famulus nun auch etwas kostet, und selbst das, was der Anatomicus für seine Bemühung, wenn es auch noch so wenig ist, fodert, kaum beyzubringen ist: so wird es Ew. Hochwohlgeb. Herrlichkeiten anheimgestellt, ob nicht ein kleines Salarium für den Anatomicum auszufinden sey, und ob nicht mit Holz und andern Nothwendigkeiten, auch ohnentgeltlicher Ueberlieferung der Cadaverum auf das Theatrum, zur Erleichterung des Fisci, diesen löblichen Anstalten könnte geholfen werden. Auch da doch dieselben vorzüglich den Chirurgis zum Besten gemacht werden, ob nicht ins künftige ein jeder neue angebende Barbierer und Bader in der Stadt und auf dem Lande, etwas und zwar einer in der Stadt ohnvorschreiblich nur einen Conventions Thaler, und einer auf dem Lande einen Conventions Gulden ad Fiscum Theatri Anatomici zu bezahlen gehalten seyn sollte. Wo dieses gnädigst genehmiget würde, so könnte es dem 3ten §. dieser entworfenen Ordnung etwann mit folgenden Worten angehängt werden. „Auch hat ins künftige ein jeder neu „angehender Barbierer und Bader, in der Stadt und auf dem Lande, ad Fiscum „Theatri Anatomici einen Beytrag zu thun; und zwar einer in der Stadt einen „Conventions Thaler, und einer auf dem Lande einen Conventions Gulden.„ Das Collegium Medicum hat dermalen den Hrn. Dr. Lyrich, als der besondere Geschicklichkeit in Anatomicis sich erworben, *) zum Anatomico ordinario erwählt. Dieser wird sich eine Ehre daraus machen, durch seinen Fleiß und Eifer vielen Nutzen bey denen die seine Demonstrationes besuchen werden, zu schaffen. Damit nun öftere Anatomische Uebungen vorgenommen werden können, so würde es sehr nützlich seyn, wenn ausser den ohngefähren Gelegenheiten ihm aus dem Zucht. und Werkhaus Verstorbene, die er für nützlich findet, überlassen, oder ihm erlaubt

würde,

---

*) Dieser geschikte und verdienstvolle Arzt, den ich als Freund innig liebe und verehre, bekleidet gegenwärtig, bey der Feyer des zweyhundertjährigen Jubileums seines Collegiums, zum erstenmal die Würde eines Dekans. —

d. Herausgeber.

würde, daselbst die Todten zu eröfnen, und nur was er davon brauchen kan, heraus und auf das Theatrum zu nehmen: damit nicht der Plaz der Anatomie, der so sehr gering ist, von Todten zu sehr angefüllt werde, welches zu Zeiten einen übeln Geruch verursachen könnte. Es ist unten Seitwärts der Kirche im Zuchthauße ein helles geräumiges Zimmer, wo solche Sectiones gar wohl geschehen könnten: nur müßte der Anatomicus befreyt seyn, der Seelfrau für ihre Mühe dabey etwas zu bezahlen. In Hofnung, daß dieses Ihm wird gnädigst zuerkannt werden, so haben wir solches schon dem 2ten §. mit angehängt. Nun könnte noch dem 13ten §. mit beygesezt werden. „Auch sollen 2. oder 3. von ihnen, oder dem Altgesel-
„len mit zu den Sectionibus in das Zuchthaus genommen werden. Sie müssen aber „die heraus genommenen Viscera, die der Anatomicus auf dem Theatro praepari-„ren und demonstriren will, mit sich selbst dahin nehmen, und den Cörper wie-der reinigen und zunähen „

Dieß ist, was wir dermalen zu berichten hätten; und verharren mit devotestem Respect,

Ew. Hochwohlgeb. Herrlichkeiten und Gnaden

22 Dec. 1772.

unterthänige
N. N.

C.

Verschreibung der Stadt Nürnberg, wegen 15 fl. ewigen Geldes, zu dem Almosen der armen Kindbetterinnen; vom J. 1461.

Wir die Burger des Raths der Stadt zu Nuremberg bekennen für vns vnd die Gemeyne gemeiniglichen daselbst vnd für alle vnser nachkommen, vnd tun kund offentlich mit disem briefe.

Daz wir mit gutem Rate, durch vnser Stat nuz vnd notdurfft, Recht vnd redlich verkaufft vnd zu kauffen geben haben, Agnesen Peter Hallers seligen witbe vnd Barbara Mertein Hallers elige wirttin vnsern burgerin die Zeite

§ 3

pflege.

pflegerin vnd außrichterin des Almufens der Haußarmen Frawen hie zu Nuremberg zu den Ammen zu der Zeite Irer gepurte, als von derselben pflegnus wegen, funfzehn guldein Ewigs gelto Landtwerung von vnfer Stat zu Nuremberg, vnd die fullen wir In vnd Iren nachfomen von deffelben Almufens vnd pflegnus wegen der Haußarmen Frawen, alle Jare reichen vnd geben hie zu Nuremberg, von vnfers Communs gelte auß der Lofungstuben halb auf fanct walpurgen Tage, vnd halb auff fant Martins tage, on alles verziehen, vnd on allen Iren fchaden, Vnd mit dem Rechten, daz fie vns daffelb Ewiggelt verlofungen vnd verftewren fullen, als ander vnfer Burger die Ewiggelt von Vns haben, vnd ob wir In daffelb gelte verliehen verzugen vierzehentag nach neglicher frifte, wenn fie das an vns gevordert hetten, So fullen wir In daffelb gelte, daz wir In dann auff diefelben frifte fchuldig weren, darnach mit der zwifpelbe geben vnd bezalen, vnd darzu was fie des fchaden nemen, an Chriften, an Juden, an bottenlon, an Zerung, oder wie der fchade genant wer, der redlich vnd befcheidenlich wer, den fullen wir In außrichten mit fampt der verfallen gulte vnd der zwenfpeltigung als vorgefchriben fteet. Darzu haben Sie vollen gewalte, vier auß vnferm Rate Schopffen vnd auß den genanten zu manen, welche fie wöllen, vnd wenn die gemant werden, So fullen In die leiften, In eins offenn gaftgeben Haufe hie zu Nuremberg, bz fie von In eingeweift werden, Ir neglicher alle tag ein male vnd den freytag feins Aßlang biß daz wir In diefelben gulte vnd den fchaden mit fampt der zwenfpeltung gar vnd genhlich gericht vnd bezalt haben, vnd welche vnfer Burger, alfo von In gemant wurden, den gelobten wir gutlichen von derfelben leiftung zu helffen on Irem vnd Irer Erben fchaden. Wer auch daz derfelben vnfer Burger, die alfo zu leiften gemant würden, Ir einer oder mer nicht anheim wern, oder felber nit leiften möchten oder wolten, der mocht Ir neglicher einen fnecht on fein ftat ftellen, der da leiftet In der weife, als vorgefchriben fteet. Wir verfehen auch ob In oder Iren nachfomen vberfaren wird, alfo daz In von vns nicht geleiftet vnd vollfurt wird, als vor vnd hernach gefchrieben fteet, fo haben fie vollen gewalte vnfer Stat vnd vns alle gemeinlich oder welche fie wöllen oder mügen, die Burger zu Nuremberg fein, darumb zu pfenden oder anzuvertigen, vor welchem Richter fie wöllen, Es fey geiftlich oder werntlich gerichte, vnd was fie auch dann vor denfelben gerichten redlichs oder befcheidens fchadens vmb die vorgefchrieben Ir gülte behaben, des fie fein genommen haben, als vorgefchrieben fteet, den fullen wir In mit fampt dem

Haupt-

Haubtgut gar vnd gentzlich abtun vnd betzalen, on allen Jren schaden vnd gepre-
chen vnd des sullen sie auch gen vns noch gen vnser Stat an nichte entgelten. Auch
haben vns die obgenanten pflegerin von des obgenannten Almusen vnd pflegnuß
wegen, für sich vnd Jr nachkomen, die obgeschriben funfftzehen guldein Ewigs
geltz von Jn widerkauffen mugen, vmb dreyhundert guldein Landswerung, wenn
wir wollen, vnd wir sie des ermanen. Doch also daz solich drewhundert guldein
alßdann hinder vns Jn vnser losungstuben zu Nuremberg ligen beleiben sollen,
Alßlang, biß die nach vnserm Rate wider angelegt vnd ander Zinße vnd gulte zu
demselben Almusen gekaufft werden, Vnd wenn Wir die vorgenannten funff-
zehen guldein Ewigs geltz also abkaufft haben, So sullen wir vnd vnser nachkomen von der genannten vnser Stat wegen, vmb die obgeschriben Sume guldein
geltz fürbaß; ledig vnd lose, vnd Jn auch füro dieweil solich abgelöst Sume guldein,
also hinder vns vnangelegt ligend ist, kein ewig gult dauon zu geben weder pflichtig
noch schuldig sein, Sunder sie sullen vns dann diesen briefe on alles vertziehen vnd
on widerrede widergeben.

Vnd des zu Vrkund geben wir Jn diesen briefe, versigelt mit der Stat zu
Nuremberg Anhangendem Jnsigel. Geben am Eritag vor sant Eraßmus tage, Nach
Cristß gepurt, Vierzehenhundert, vnd Jn dem Ein vnnd sechtzigisten Jaren.

(L. S.)